Tugay Çatalkaya

Metafizikten Tasavvufa Yolculuk

Designed, Published and Distributed by Bookcity.Co
Editor: Nilüfer Arıtan

www.bookcity.co

Bookcity.Co

ISBN: 978-1-912311-21-7

Bu kitabı hazırlamakta yardımlarını esirgemeyen eşim Mevlide hanıma ithaf ediyorum...

"İnsan benim sırrım, ben insanın sırrıyım."
(Sad Suresi, 38/47)

"Kulumun işiten kulağı, gören gözü olurum."
(Taha Suresi, 20/46)

"İnsana şah damarından daha yakınım."
(Kaf Suresi, 50/16)

"Ben yere göğe sığmam, mümin kulumun kalbine sığarım."
"Her şey sudan yaratılmıştır. Su, dünya da görülen tek
cennet tam'idir."
"Ve cealna minel mai kullu sey'in Hay."

İçindekiler

GİRİŞ

"Kendini bilen, Rabbini bilir." *(Kutsi Hadis)*
"İlim ilim bilmektir, ilim kendin bilmektir. Sen kendini bilmez-
sen ya nice okumaktır." *(Yunus Emre)*

Konumuz insan! İnsanın yapısını araştırmaya başladığımız-
da, manevi anlamda öğreneceğimiz çok konu olduğunu fark
ederiz. Yaşamı, Yaratıcı'yı anlama arayışı insanın her daim en
önemli uğraşısı olmuştur. Bunun için de insan önce kendi var-
lığını tanımak zorundadır. Pozitif bilimler, doğayı, canlıları, fi-
zik kurallarını, tıp ilmini ve sayısız bilimi incelerken, din ilmi,
tasavvufun da konusu olan ruh ve maneviyatı araştırır. Tasav-
vufu anlamak için ise metafiziği ve parapsikolojik uygulamaları
da konuya dahil etmek gerekir.

Bu kitapta yazdığım hayat tecrübelerinin bu arayışta olan-
lara, doğruların idrak edilmesinde katkı sağlamasını, bu vası-
tayla sonraki nesillere de örnek olmasını diliyorum. Kitapta

kendi tecrübelerimle birlikte hipnoz, medyumluk, meditasyon, konsantrasyon, parapsikoloji, metafizik konularını teorik ve uygulamalı olarak ele aldım. İnsanlığın ortak mirası olan ilim ve metafizik çalışmalarının ortak noktalarını ele alarak, tasavvuftaki ve metafizikteki kelimelerin ortak anlamlarını ifade etmeye çalıştım. Bunu yaparken asrın son alimlerinden Prof. Dr. Münir Derman Hocam'la yüzyüze yaptığımız sohbetlere, küçük hikayelere de yer verdim. Derman Hocam'ın ifade ettiği tasavvufi hal boyutunun, metafizik ile daha iyi anlaşılabileceğine inanıyorum.

Çocukluğumdan beri bilinmeyen konular ilgimi çekmişti. Çocukken arkadaş çevresinde geceleri bir araya geldiğimizde korku hikayeleri anlatılırdı; köyde yaşayan bazı kişilerin görünmez varlıklarla karşılaşmaları ile ilgili hikayelerdi bunlar. Bazı zamanlar da içimize bir korku düşerdi.

Gençlik yıllarımda bilinmeyenleri araştırmaya karar verdim. Her kitabı okumaya başladım. Evrensel kaynaklı, tercüme metafizik yayınları, Eski Türk folklorundan kültürümüzde var olan sihir, büyü, nazar, görünmeyen varlıklar, hüddam ilmi, yıldızname, kalpler hazinesi gibi ilk bakışta anlaşılamayan konularla ilgili kitaplar okudum. Metafizikten sonra, diğer sorularımın cevabını bulmak için tasavvufa yöneldim.

Tüm bilgileri harmanladığımda, her şeyin insan zihni ile alakalı olduğu ortaya çıkmıştı. Kitapta da bu konunun ancak uygulama ile anlaşılabileceğini ifade etmeye çalıştım. Uygulama ile ilgili metotların çoğu metafizik ve tasavvuf yayınlarındandan araştırılabilir. Bu uygulamalarda karşılaşılabilecek obsesyon tehlikesine ayrıca dikkat çektim.

Tasavvufa geçmeden önce, zihinle ilgili çalışmalarım olmuştu. Ankara'da üniversitede öğrenciyken, bir gün yolum gençlik parkına düşmüş, ayaklarım beni Sihirbaz Sinbad'ın sahne gösterisine götürmüştü. Orada kurduğumuz dostluk yıllarca devam etti. Ondan konsantrasyon, hipnoz, hüddam ilmini öğrendim. Aynı yıllarda transandantal meditasyon ve Ananda Marga Yoga'ya devam ettim. Yine psikiyatr bir arkadaştan hipnozun inceliklerini, okul arkadaşımın babası Baykur Bilgin'den de ruh çağırma seanslarını öğrendim.

Kırklardan biri olan Prof. Dr. Münir Derman'la ve eserleri ile tanışmaksa hayatımın dönüm noktası olmuştur.

Prof. Dr. Münir Derman, peygamberin soyundan seyid olup, Kafkasya kahramanı Şeyh Şamil'in soyundan gelmektedir. Dedesi Ahmet Ziyaeddin Gümüşhanevi hazretleri, büyük annesi Gül hatun olup türbesi Trabzon'da bulunmaktadır. Kendisi 1989 yılında Hakk'ın rahmetine kavuşmuştur, türbesi Ankara'nın Memluk köyünde olup, Melek Hoca olarak anılmaktadır.

Allah Dostu Münir Derman Hocam'la Tanışmam

1974 judo sporu yaptığım yıllardı. İzmir Karşıyaka'dan yaz tatilinde Eskişehir'e gelmiştim. Bir arkadaşın judo salonuna uğradım. Sohbet ederken kapıdan orta boylu zayıf, saçları arkadan örülü bir bey girdi. Arkadaşım büyük bir heyecanla elini öptü, sarıldı. Ben de elini öptüm. Sonra masaya oturup sohbet ettik. Judo ve aikidoda 7.dan siyah kuşakmış. Japon hocası 7.dan'da vefat edince hocasına duyduğu saygıdan dolayı 10.dan derecesini kabul etmemiş.

Eskişehir Devlet Hastanesi'nde genel cerrah iken, dünyada ilk kopan bacağı başarı ile yerine dikince Almanlar onu kendi ülkelerine götürmüşler.

Eskişehir'e de izinli gelmişti. Birçok dil bildiği için Dil Tarih Coğrafya fakültesinde Fransızca hocalığı yapmıştı. Fransa'da Sorbon Üniversitesi'nden psikoloji mezunuydu ve Mısır Elezher İlahiyat fakültesini de bitirmişti.

Biz sohbet ederken, "Ki-Chi enerjisini biliyor musunuz?" diye sordu ve yine kendisi cevapladı: "Ruh demektir, size örnek göstereyim." Biz iki kişi, o tek kişi bilek güreşi yapmaya kalkışınca kolunu kıpırdatamadığımızı hayretle gördük, sonrasında ayağa kalkarak koltuk altlarından tutarak havaya kaldırmamızı söyledi. Birincide kaldırıp, ikinci defada kaldıramayınca yine şaşırmıştık.

Kİ konusunda örnekler verdi: "Bir bebeğin kasları gelişmediği halde parmağınızı yakaladığında uzun zaman asılı durur." Yine, "Bir otobüste ayaktasınız. Bir halkaya elinizle asılı duruyorsunuz. Arkadaşınızla sohbet ederken, elinizi unutuyorsunuz ama hiçbir sarsıntıda eliniz oradan kurtulmuyor ve düşmüyorsunuz. Bu Kİ dir.", "Arabayı kullanan ruhtur. Aynı anda yola dikkat ederken, gaz fren vites kullanıyorsunuz. Bütün bunlar düşünmeden oluyor." demişti.

O salondan ayrıldığında, onun Uzak Doğu spor hocam olmasını dilemiştim. Yıllar sonra Ankara'da öğrenciyken onun Ulucanlar mevkinde kaldığını öğrendim, mutluluğuma diyecek yoktu. Gün aşırı ziyaretine gidiyor, sohbetinde bulunuyordum. Cevabını bilmediği bir soru yoktu. Hatta kafamdaki sorulara bile cevap veriyordu. Kendisinde gül kokusuna benzer bir koku seziyordum. Koku hakkında sordum. "Evladım o senin kendi kokun. Biz ayna görevi yapıyoruz bizden sana yansıyor." diyerek üstü kapalı bir cevap vermişti. Sonra "Evladım benim kitaplarımı okudun mu?" dedi. Okumadığımı söyleyince beni yönlendirdi. Hacıbayram semtinde kitapçının birinde kitapları buldum. Bunlar tasavvufi kitaplardı; Allah dostu- yazılmış sırların ilki; yazılmamış sırların sonu-5 cilt. Ve Su 3 cilt; Muhyiddin Arabi hazretlerinden nasihatlar. Dünyalar benim olmuştu. Ondan sonra okuduğum hiçbir kitapta aynı tadı bulamadım. Okuduğum kadarı ile kendisi son gavs idi. Sonradan eski tanıdıklarından mucizevi olaylarını da duydum.

Prof. Dr. Münir Derman (ortada, siyah kuşaklı)

Münir Derman Hocam, günümüz tarikat anlayışını eleştirir ve şöyle derdi; "Size beş vakit namaz, Allah ve Resulü yeter. Bu devir, tarikat devri değil, her şeyin sahte olduğu bir devir."

Klasik tarikatlardaki devran, zikir halkası, toplantı gibi gösterilere izin vermemiştir. Evrat olayını da benimsememiştir. Kendisini hiçbir zaman belli etmeyen Derman Hoca cemaatleşmeye de karşıydı. "Allah'a giden yol birdir." derdi. Cemaatleşme olunca fitne çıkacağını ifade ederdi; "Mümin kişinin tek görevi Hakk'ın emirlerini yerine getirmek ve Allah'a karşı samimi olmaktır."

Çevresindeki dostları, sohbet ve eserleri ile ağızlarına bir parmak manevi bal çalındığı için kendisine dost olarak bağlanmış, insanlık ve manevi bilgisinden istifade etmeye çalışmışlardır. Mezhep ve tarikatlere karşı olduğu için, ritüel uygulamalar yerine, sohbet ortamında bir şeyler anlatmaya çalışmıştır.

Olağanüstü Haller Tüm Kültürlerde Vardır.

Bütün insanlar ve canlılar Allah tarafından yaratılmıştır. Hepimizde beyin ve ruh vardır, dolayısıyla zihnin işleme prensibi de herkeste aynıdır. Bundan dolayı olağanüstü haller de her kültürde gözlemlenebilir.

Hint, Tibet, kültüründe Budizm adı altında zihnin derinliklerine trans ile yolculuk yapılır. Trans geçiş demektir, sonuçtur. Zihnin işleme prensipleri göz önüne alınırsa mantra, meditasyon, konsantrasyon ile nirvana-kozmik bilince ulaşılır. Allah'ın ruha yüklediği rabbani güçler bu esnada açığa çıkar. Bu tasavvufta farklı terimlerle ifade edilir; sırası ile zikir, vecd, istiğrak. Bir nevi aklın miracıdır. Yunan tapınaklarında ve Mısır Hermes tapınaklarında da benzeri uygulamalar mevcuttur. Rüya görmek için nasıl uyku hali gerekli ise; ruhsal göze ulaşmak için transa girmek gerekir; yani gözleri, kulakları dış dünyaya kapatmak, bir nevi uyku haline geçmek.

GİRİŞ

"Son Adem" adlı eserin yazarı Cafer Gezgez, transı şu sözlerle açıklar:

"Ben kimim, nereden geldim, neden buradayım, nereye gideceğim? diye düşünüp, gördüklerimizin hikmetini araştırırsak ve tam teslimiyetle, bütünsellik manası taşıyan zikir ve tefekkür çalışması yaparsak, bir zaman sonra beynimizi aşmaya başlarız. Böylece bizde akıl açılmaya başlar. Gerçekleri görürüz."

Eserin devamında, astral seyahatlerde yaşadığı görüntülerden ve yorumlarından bahseder. Ancak ledün ilminden ve manevi görevlilerden söz etmez. Sadece konular astral seyahatle sınırlanmış görünmektedir. Transı ifade eden bu cümleler, zikir ve tefekkürün, tasavvuf ehlinin anlamasına önderlik edebilir.

Ünlü tarihçi-sosyolog İbn-i Haldun mukaddemesinde Kabala ilmi (geometrik şekil ve sayı ilmi. Tasavvufta sayı ilmine cifir, ebcet ilmi deniliyor) ile hazırlanan bir muskanın çamurdan yapılan golem denilen heykele konulduğunda, heykelin yürüdüğünü anlatır. Yine bir ay zeytinyağ dolu bir fıçıda, incirle beslenen, en sonunda bir deri kemik kalan birini çamaşır gibi asıp, gelecekten bilgi almaya bakarlarmış. Bu da İslam tasavvufundaki riyazata benzemiyor mu? Kumlara değnek ile daireler çizip o esnada transa geçerek bilinmeyeni bilen Danyal peygamber gibi peygamberler vardı. Bu ilme remil deniyordu.

Benim de Karadeniz'de Ali Danış adında tanışıp arkadaş olduğum bir ahçı arkadaşım vardı. Ordu ilinde turistik bir otelde çalışıyordu. Falcı olarak kulaktan kulağa duyulmuştu. Bir arkadaş vasıtası ile çalıştığı otele giderek kendisi ile tanışmıştım. Sohbet ilerlerken hakkımda ne söyleyebilir diye sorduğumda bir kağıt kalem çıkardı, daireler çizmeye başladı. Sonra benim Ankara'da öğrenciliğimde tanıştığım Sinbad'ı kastederek, 'senin sihirbaz bir tanıdığın var' demişti.

Hristiyanlarda ünlü azizler, Mısır'da ise ünlü sihirbazlar vardır. Mısır'ın en büyük sihirbazları ile en büyük El-Ezher İlahiyat fakültesinin bir arada bulunması düşündürücüdür. Mısır'ın en büyük sihirbazı Cabir Bin Ahmet'tir. Her ikisinde aynı zihinsel eğitim, tefekkür söz konusudur. Sihirbazın tefekkürü üç harflilerle sonuca ulaşırken; tasavvuf adamı ricali gayb denilen evliya, peygamber, hızır gibi görevlilerce manada eğitilmeye, sırları öğrenmeye devam eder. Dünyada gayb dünyasına girmek için zihinsel eğitim alırken, mana alemindeki görevliler eğitim verirler. Bu bilgiler de hep sır olarak kalır. İmam Gazali şöyle der: "Kalp gözünüz açılırsa, melek ve cinleri görmeye başlarsanız onlara takılmayın."

Remil, Su, kahve, tarot, el falı konsantre olmak için transa yönlendiren, kendi ruhsal güçleriyle ya da üç harflilerle temasa geçerek bir şeyleri bilmek için sadece bir vasıtadır.

"Bilinmeyi İstedim."

Allah'ın insanlarca bilinmesi muradı, ilk insan Adem ve Havva'nın cennetten dünyaya gelip (burada cennetin ezelden var olduğu anlaşılıyor. Sonradan oluşturulacak olan bir mekan değil), Allah'la konuşması ile başlar. Bu konuşma ilmi vahiy hiçbir din ayırt etmeksizin 124.000 peygamberle devam eder. Allah her insanı eşit yaratmıştır. Bu ezoterik ilim insan zihni ile bağlantılı olarak bütün toplumlarda farklı terminoloji ile kullanılmıştır.

Kur'an, bilinmeyene işaret eder: *"Bu kitap Gayb'a inananların kitabıdır; bilinmeyi istedim. Ben insanın sırrıyım, insan benim sırrım. Nefsini bilen Rabbini bilir."* Bu sırları bilen veliler vardır ama dünya sınavı yüzünden bu sırların açıklamasına izin verilmediği için, mevcut tasavvuf kitapları da, uygulama olmadan çok anlaşılabilir değildir. Bu çalışmalar yetişmiş bir öğretmenin gözetiminde yapılmalıdır. Her an obsesyon tehlikesi olabilir. Yetişmiş insanlar zaten sırları bizlere hazır olarak sunmazlar. Rububiyet sırlarının açıklanması haramdır.

Hallac-ı Mansur; "Enel Hak."

Cüneyd-i Bağdadi; "Allah cübbemin altındadır."

Münir Derman Hoca; "Allah kalbimdedir. Allah insanın bedenini elbise gibi giymiştir."

Yunus Emre; "Bir ben var, benden içeri."

Bu büyük velilerin derin anlamlar içeren sözleri anlaşılmadığı için içlerinde işkence ile öldürülenleri vardır.

"Kendini bilen Rabbini bilir, Ben insana şah damarından daha yakınım, Ben kulumla görür, kulumla işitirim." Ne demektir?

Bu sözlerle insanın ruh olarak Allah'tan ayrı olmadığı, kendisindeki ruhsal güçlere erişmekle Allah'ın daha iyi anlaşılabileceği ifade edilmektedir.

Bunun ilerisinde de, evliya menkıbelerinde velilerin hızır, kırklar, Resulullah evliya ruhaniyetleri ile sırlara daha çok vakıf olduklarını kabul etmek gerekir.

Kur'an'da geçen BEN, zatı

BİZ, rabbani güçleri ile.

HAK; doğruluğu tasdik etmek.

Rahman-dünya da merhameti olan.

Rahim-Ahirette merhameti olan.

Allah-ismi azam, Yaratıcı'nın ismi. İsm-i azam hep sır gibi anlatılır ama Allah'tan daha büyük isim var mıdır? Allah adı ile iş görebilmek için o temizliğe ulaşmak gerekir. Herkes sakız çiğner gibi Allah adını söylüyor ama zihin ve ruh hallerini yaşamadan velinin anlayışına ulaşılamaz. "Bismillahirahmanirahim" sözünde Rahman ve Rahim Allah ismi vardır. Derman Hoca bir açıklamasında şöyle der: "Besmele Ol (Kün) emrinin anahtarı ve şifresidir. Bunu unutma. Besmeleye sarıl, o her şeyden kuvvetlidir. Kul için... Hak ile ve O'nun kudret ve güçleriyle temas bununla olur. Abdestsiz ağzına kat'iyen ama katiyen alma.... En büyük ayettir."

İslam'ın ilk emri "Oku"dur. Ancak okuduğunu anlamak lazım. Bazen bir kelimenin, bir kütüphane kitap dolusu anlamı vardır.

ZİHNİN PRENSİPLERİ

HİPNOZ

Suni uyku halidir. Bir operatör yardımı ile konsantrasyon, manyetik pas-bioenerji kullanılarak süje uyutulur. Zihnin bütün derinlik halleri (letarji, katelepsi, sobnambul) elde edilir. Transtan sonra da ruhsal güçler açığa çıkar. Kapalı gözle görülür, işitilir. Cinlerle irtibat kurulabilir. Tasavvuftaki yöntemler konsantrasyonun eşlik ettiği bir nevi oto hipnozdur (kendi kendine hipnoz).

Bu yeteneklerden örnekler vereceğim.

BİO ENERJİ (Manyetik Pas - Manyetizma)

Her canlıda bulunan ruhsal enerjidir. Japonya'da buna CHİ-Kİ enerjisi, Çin'de ise Qigong denir. Youtube'da bunlarla ilgili bazı örnek videolar bulabilirsiniz. Ruhsal eğitimli insanlar dokunmadan bir gazete parçasını avuçlarından çıkan enerji ile yakabilmekte, uzaktan eşyayı hareket ettirebilmektedir. Savunma sporlarında rakibine dokunmadan elinden çıkan enerji ile elektrik çarpmış gibi rakibini fırlatabilir, ateşin üzerinde yürüyebilir ya da elleri ile hastalara şifa vererek iyileştirebilmektedir.

Qigong üç ana başlık altında incelenebilir:

1. **Tıbbi Qigong:** Akupunktur, masaj ve şifalı otlar gibi metotlarla "qi" enerjisini dengeleme çalışmalarıdır.

2. **Savaş Sanatı Olarak Qigong:** Wei-Dan (dışsal) denilen bu çalışmalarda nefes de kullanılarak "chi" enerjisi daha çok kol ve bacaklarda açığa çıkartılır ve açığa çıkan bu enerji kanallarda dolaştırılır ya da saklanır. Ayrıca *Kung-Fu* (Gung-Fu) ve *Taiji-Quan* gibi savaş sanatları içerisinde bedensel sağlık, dayanıklılık ve güç sağlanması gayesiyle yapılan fiziksel *Qigong* egzersizleri de vardır.

Japon savaş sanatında yükselen üstatlardan biri hem aikidonun kurucusu, hem de Ki enerjisini sporda ilk kullanan Morihei Ueshiba Hocadır. Aikido sözcüğünün ortasında Kİ sözcüğü yer alır. Aikidonun kelime anlamı;

Ai: sevgi, Ki: ruh, Do: yol, birlik. Her sözcüğün birden fazla anlamı olabilir. Derman Hocam ruh, zihin, vücut birliği olarak açıklamıştı.

Morihei Hoca'dan sonra gelen Koechi Tohei Hoca bu ekolu devam ettirmiştir. Birçok hoca, Ruh gücü yerine tekniklere önem vermiştir. Koechi Tohei Hoca, ki enerjisini şifa olarak da kullanmış, bu tekniğe KİATSU demiştir. Bunun dışında sadece akapunktur noktalarına parmakların basınç uyguladığı SHİ-ATSU tekniği de vardır.

Yine başka bir örnekte;

Aikidonun en eski ustalarından biri Hikitsushi Sensei Shingu'da yaşamaktadır. 1991 yılında 90 yaşında olan bu yaşlı bilge bağırsak kanseri nedeni ile küçücük kalmıştır. Bu hasta haliyle bile insanları metrelerce uzaktan dondurup hareketsiz bırakmayı başarmıştır. Bunun için rakibine parmağını uzatması yetmiştir.

Buna inanmayan ABD başkanı Jimy Carter'ın korumalarından biri yaşlı adamın üzerine atılmış, yaşlı Hikitsushi parmağının bir işareti ile iri yarı korumayı bir anda yere çakıp, dayanılmaz acılar içersinde bırakmıştır.

Başka bir savaşçı Masuaki Kiyota, çelik bir kaşığı önce bakışları ile yumuşatıp, sonra ikiye bölüyormuş. İsrail'de ünlü Uri Geller de aynı gücü kullanabiliyordu. Diğer gücü ise, fotoğraf filmi üzerine düşündüğü nesnenin filmini düşünce ile çıkartabilmesiydi. Çocukken de annesi oyuncaklarını toplamasını söylediği zaman, düşünce ile oyuncaklarına 'toplan' dediğinde, oyuncaklar bir araya toplanıyormuş.

3. Ruhsal/Zihinsel Qigong: Nei-Dan (içsel) denilen bu çalışmalarda yoğunlaşarak (ve sakinleşerek) organlardaki "qi" dengelenir, enerji kanallarda dolaştırılır, fazla enerji bedenin güvenli kısımlarında saklanır. Meditasyon çalışmalarını da içeren bu uygulamaların içine Taiji ve benzeri içsel sistemler girmektedir.

Batı'da ve Rusya'da, bu enerjiye bioenerji denmektedir. Bu enerjiyi kullanan birçok şifacı vardır. Kimi gerçek, kimi şarlatandır. Bazılarının el ile alet kullanmadan ameliyat yaptığı iddia edilir. Dünyaca bilinen birkaç şifacıyı ise şöyle sıralayabiliriz:

Brezilya'da yaşayan John of God: Gerçek adıyla Joao Teixeria De Faria, dünyanın yaşayan en büyük ruhsal bioenerji şifacısı olarak kabul ediliyor.

Haitili şifacı Şaman Durek Verret: Henüz 5 yaşındayken Afrika kabilesinin şifacı kadını olan büyükannesi tarafından şaman olacağı bilinen Durek Verret, çocukken insanların düşüncelerini duyuyor, enerjilerini görüyor, ruhlarla konuşuyor, olacak olayları olmadan önce biliyor, hastalıkları iyileştiriyordu.

Gerard Croiset Hollandalı ünlü duru görücü ve şifacısıdır. Birçok kayıp vakasında polisle çalışmış, söyledikleri hep çıkmıştır.

Filipinler'deki en iyi şifacılardan June Labo, Jose Segundo, Vergilio Gutierrez, Alcazar Perlito, Nida Talon, Maria Bilosana, Alex Orbito, Rudolfo Suyat en ünlüleridir.

Her şeye rağmen bilim ve tıb biliminden ayrılmamak gerektiğini, belki umutsuz vakalarda son çare olarak başvurulabileceğini belirtmeliyim.

HİPNOZ İLE ORTAYA ÇIKAN YETENEKLER

Hipnoz çalışmalarım sırasında birçok süje ile çalışma imkanım oldu ve pek çok olağanüstü hal ortaya çıktı:

ANESTEZİ: (Ağrı kesici) Bu yönde telkin verildiğinde, uyuyan süjenin koluna iğne batırıldığında ya da ateş tutulduğunda ağrı duymadıkları görülür. Tıp camiası hipnozun bu yönünü keşfettiğinden beri diş ve doğum doktorları cerrahi operasyonlarda bazen bu yöntemi kullanmaktadır.

TELKİN: Şuuraltına verilen telkin sonucunda, ruhsal enerji, vücudu telkine yatkın hale getirmektedir. Bir seansımda futbol takımında oyuncu olan bir süjeye başarılı olacağı yönünde telkin verdiğimde, oynadığı maçta yüksek performans sergilediğini söylemişti.

Yine aşk acısı çeken bir gence o kişiyi unutması gerektiğini söylediğimde artık o kişi ile ilgilenmiyor ve etkilenmiyordu.

Derslerinde başarılı olmak isteyen öğrencilere ya da yabancı bir dili kısa sürede öğrenmek isteyen öğrencilere de verilen telkin sonucu başarının arttığı gözlemlenebiliyordu.

Sigara –içki alışkanlığından kurtulmak isteyen bir kimseye o yönde telkin verildiğinde ve sigara içmeye çalıştığında tadı iğrenç geliyor, birkaç hipnoz seansı sonrası kötü alışkanlıklarını bırakabiliyordu.

Yaşantımızın çoğu da telkin değil mi? Çevremizde her şey görsel ve sözel telkin olarak mevcut. Yaşadığımız toplumdan, aile, arkadaş, iş çevresinden, medyadan, haber ve reklamlardan etkilenmiyor muyuz? Belli yaşlarda, etkilendiğimiz kişileri örnek almıyor muyuz? Bize telkin edilen konulara zaafımız varsa, sigaraya, içkiye başka kötü alışkanlıklara başlayabiliyoruz.

KONSANTRASYON

Dikkati bir yere yöneltmektir. Bir işe dalmışken biri adınızı seslense duymazsınız. Bu zihinsel odaklanmaya tasavvufta rabıta ve murakabe denir. İkisi de konsantrasyondur. Murakabe Allah'a yönelmek; rabıta ise şeyhi hayalinde canlandırıp, dikkati bu görüntüye yönlendirmektir. Sihirbaz Sinbad ile tanıştıktan sonra ve üçüncü göz bakışı ile yolladığı enerji ilgimi çekmiş bana öğretmesini rica etmiştim. Ertesi gün bana içice daireler çizilmis bir levha verdi. Her gün 10 dakika orta noktaya dikkati dağıtmadan bakılacak bir egzersiz olduğunu söyledi. Bir süre sonra bakışlarımla uyuyacak kişiyi hipnoza sokmak için enerji yollayabiliyordum.

Egzersiz 1:
Herhangi bir kitap alın ve bir paragraf belirleyerek içerisindeki kelimeleri sayın. Ardından, doğru saydığınızdan emin olmak için onları tekrar sayın. Birkaç kezden sonra bunu iki paragrafla yapın. Bu kolaylaştığında, bütün bir sayfanın sözcüklerini sayın. Parmağınızla her kelimeyi işaret etmeden sadece gözlerinizle saymayı deneyin. Bu egzersiz, zihninizi sadece kelimelere yoğunlaştıracaktır.

Egzersiz 2:
Aklınızdan 100'den geriye doğru sayın. Bu egzersiz beyninizin belirli olarak tek bir şey düşünmesine yardımcı olacaktır.

Egzersiz 3:
Aklınızdan 100'den geriye doğru her 3 sayıyı atlayarak 100, 97, 94, 91... şeklinde sayın. Bu egzersiz, 2. egzersiz bittikten sonra yeterli olmadığı durumlarda yapılabilir. Daha zorlayıcı olduğundan daha fazla dikkat gerektirir ve aklınızı dikkat dağıtıcı diğer faktörlerden uzaklaştırır.

Egzersiz 4:
İlham verici bir kelime, deyim veya sadece basit bir ses seçin ve beş dakika boyunca sessizce aklınızda tekrarlayın. Zihniniz daha kolay konsantre olduğunda, kesintisiz konsantrasyonla on dakika boyunca aynı işlemi yapmaya çalışın.

Egzersiz 5:
Bir meyve alın ve elinizde tutun. Bütün dikkatinizi ona odaklı tutarken, meyveyi her yönden inceleyin. Meydana gelen alakasız düşüncelerin tamamını göz ardı edin, sakince bu düşüncelere hiç ilgi duymadığınızı kendinize tekrar edin. Meyveye her yönüyle bakın, tadına, rengine ve kokusuna odaklanın. Bunu başka objelerle de yapabilirsiniz. Diğer düşünceleri aklınızdan çıkarmanıza yarayacak bu egzersizi sessiz ve rahat bir ortamda yapmaya özen gösterin.

MEDİTASYON

Meditasyon, konsantrasyona ulaşmak için zihinde bir noktaya odaklanmaya çalışmaktır. Bu çalışmada bir kelime sürekli tekrarlanır. Göz önünde canlandırılır. Bu kelimeye Hindistan'da mantra; tasavvufta esma-zikir denir. Sonunda transa ulaşılır ki bunun tasavvuftaki karşılığı vecd ve istigraktır; Hint kültüründe ise nirvana ve kozmik bilinçtir.

İlk başlarda meditasyon benim için bir yaşam tarzı olmuştu. Her gün aksatmadan sabah akşam 20 dakika meditasyon yapıyordum. İlk başlarken meditasyon hocası bir dua mırıldanıyor, ona gelen ilhama göre Hintçe bir sözü (mantra) sesli olarak tekrar ederken bana eşlik etmemi söylüyordu. Sonra bu kelime gözler kapalı olarak zihnen görüntü olarak tekrarlanıyordu. Amaç, zihinde hiçbir görüntü olmayan sakin bir zihne ulaşmaktı. Bu, Ahmet Yesevi'nin sessiz zikir yöntemi ile aynıdır. Bu benim üç ayımı almıştı. Başlangıçta zihnime hatıralar, günlük yaşantılar, farklı düşünceler geliyor, zaman zaman zihnimdeki kelime, mantra kayboluyordu. İlk anlarda kalın bir yazı şeklindeydi. Üç ayın sonunda zihnime başka görüntüler girmez oldu. Mantra ince bir yazı haline dönüştü ve sonunda o da kayboldu. Sessiz, sakin bir zihin hali elde etmeyi başarmıştım. Tasavvufu araştırdıktan sonra yöntem aynı olduğu için mantra yerine Allah adını zikir olarak kullanmaya kalktım. Çok şaşırtıcı bir hal ile karşılaştım. Bu yöntemin içine Allah ile birlikte var olma duygusunu da katmıştım. Bir de kuyruk sokumumdan omurga boyunca beynime doğru yükselen bir karıncalanma hissettim. Bu karıncalanma beynimin içine ulaştığında beynimde bir ışık patlaması oldu. Beynimin içi florasan ışığı gibi aydınlandı. Bu hal bir süre devam etti. Buna Hint felsefesinde Kundalini deniyordu. Başka günler adımın seslendiğini duyuyordum. Başımda bir veli olmadığı için obsesyondan endişelenerek ve bu olayın nereye uzanacağını bilemediğim için çalışmaları bıraktım. Bu yaşadıklarımın tasavvufu anlamama yardımı olmuştu.

Buda'nın 124 bin peygamber arasında olduğu gözününe alınırsa, tasavvufi yöntemler arasında benzerlik görülecektir. Hint tasavvufunda damlanın denize karışmasına nirvana ya da kozmik bilinç denir. Trans ile bu enerji denizine ulaşıldığında manevi alemin kanunları ile madde aleminin kanunları etkilendiğinde olağanüstü haller gözükmektedir. Meditasyonda olduğu gibi mantralar ve esmalar kişiye özgüdür. Kozmik enerjiye ulaşmanın anahtarı gibidir. Kozmik enerjinin kullanımı ise, mürşidin ve manevi alemin görevlileri tarafından öğretilecek bilgi ile gerçekleşir.

Tasavvufa ilgisi olanlar için başlarda meditasyon-zikir yapmak zordur; ancak hiçbir şeyin imkansız olmadığını unutmamak gerekir. Kendinizi, bir dakika boyunca gözleriniz kapalı biçimde dinleyin. Odaklanmaya ve zihninizi boşaltmaya çalışın. Yeni başlayanlara gözleri kapalı bir şekilde meditasyon yapmalarını tavsiye ederim.

TRANS

Trans (transit) geçiş demektir. Trans, duyu organlarının bir an için bir yere odaklanmasını ifade eder. Konsantrasyon sonunda ulaşılan derin dalgınlık halidir. Beş duyu dünyasından koparak, tasavvufta bahsedilen 70.000 perde transa geçmeyi ifade eder. Tasavvuf öğrencisi 7 çakranın karşılığı olan 7 letaif ile çalışırken, her letaife 10 bin zikir ve toplam 7 letaife 70 bin zikir okuyarak transa girmeye, Allah'a yakın olmaya çalışır. Bu eğitim bazen aylar, yıllar sürer.

Derman Hoca "bir defa 'Allah' der, 70.000 perdeyi aşarım." derdi. Derman Hoca'nın eserlerine serpiştirilmiş, dikkat çekici iki cümle vardır: "Ruhun üfleyişine kulak verenler bu işi anlamaya namzet olabilirler." "Bütün duyularınızı bir an için bir yere toplayın." Bu sözlere dikkat etmek ve anlamak bilgi birikimi ile alakalıdır. Bu eserleri internette paylaşanlar oldu ancak eğitim gözü ile bakanlarla karşılaşamadım. Derman Hoca tarikat eğitimi vermediğine göre, öğrencilerini eğitmek için gerekli bilgiyi eserlerinin arasına serpiştirmişti.

Ruhun üfleyişi nedir? Ruhun bütün yetenekleri diyebiliriz. Duyu organlarının bir an için bir yere odaklanması konsantrasyon ile açıklanabilir. İki cümle birleştirildiğinde ise, ruhsal güçlere konsantrasyon ile ulaşıldığı anlaşılır.

Yazdığım bu eserin tamamı, bu iki cümleyi anca karşılar.

Transta birçok ruhsal güç sergilenebilir. İnsandaki galip esma ile ism-i azama yanaşıldığında o kişinin dilek ve arzusu Allah'ın dilek ve arzusu yerine geçer. Manevi alemin kanunları ile maddi alemin kanunlarına tesir edilir.

İsm-i Azam! En büyük isim elbette Allah'tır. İsmi azam, Allah'ın adı ile iş görebilen kudrete ulaşmayı sembolize eder. Dünyevî işler hep insanı meşgul eder. İnsan (kalbi), dünyada bazen Allah ile beraber olur. Bazen de, her ne kadar Allah onunla beraber olsa da, insan mutlaka yapılması gereken şeylere yönelmiş olur. İşte bu hususu, Hz. Peygamber "Ben ancak, kendisine vahyolunan bir beşerim." (Fussilet Suresi) yani "Benim için, vahiy esnasında perde kaldırılır. Daha sonra sizin gibi olurum." diyerek işaret etmiştir.

METAFİZİKTEN TASAVVUFA YOLCULUK

RUHSAL GÜÇLER, KAVRAMLAR VE OLAYLAR

MADDE ve ENERJİ

Fizik gözümüzün görme frekansı sınırlı...

Her madde, titreşim halinde değişik hızda ve titreşimde dalga boylarıdır. Bu dalga boyları da renk, ses ve nihayetinde bilgidir. Her şeyin özü enerjidir. Düşünce enerjidir. Kütle, enerjinin yoğunlaşmış halidir. Enerji sürekli titreşerek bir salınım oluşturur. Bizler de insanoğlu olarak sürekli titreşen enerjileriz. Titreşim seviyemiz düşük olduğu için yeryüzünde çökeltilmiş şekilde yani kütle-beden olarak hayatlarımızı devam ettiriyoruz. Bizim titreşimimize uygun şekilde titreşen enerjileri de kendi titreşim dünyamızda kütle olarak görebiliyoruz (diğer insanlar, hayvanlar, masa, sandalye vs.)

İnsan bedeninin doğal titreşim düzeyi saniyede ortalama 300 titreşimdir. Saniyede 10 bin kez hızla titreşen canlıları göremiyoruz. Onları boyut üstü varlıklar olarak adlandırıyoruz. İçimizden pek azımız yani medyum diye tabir ettiğimiz kişiler onlarla temasa geçebiliyor. Bazen kanal olarak da onlardan gelen bilgileri aldıklarını iddia edebiliyorlar. Bu kişilerin bir kısmı şizofren hastası, bir kısmı dolandırıcı olabilir.

Dünya işleriyle fazlaca ilgili olan insanlar bu titreşimin altındadırlar. Frekans yani titreşim düzeyi arttıkça kişilerin doğaüstü güçleri de artmaktadır.

- Şifa verme gücüne sahip olan kişilerin titreşim düzeyleri saniyede ortalama 500 titreşimdir.

- 800 titreşim seviyesine gelindiğindeyse medyumik güçler ortaya çıkar.

- 1000 titreşimin üzerinde telepati kanalı gayet akıcı şekilde açıktır.

- Saniyede 10 bin titreşim seviyesindeki insan astral seyahat yapabilir konuma gelir. Bu tıpkı bir gitarın tellerinin titreşmesi gibidir. Gitarın telini oynattığınızda önce hızla titreşir, teli göremezsiniz. Sonra titreşim azalmaya başlar ve tel görünür hale gelir.

Titreşim seviyesini saniyede 10 binin çok üzerine çıkartıp zaman mekân mefhumunu aşan insanların da var olduğu biliniyor. Çok büyük kâhinler bu frekans seviyesinde oldukları için söyledikleri pek çok şey doğru çıkmaktadır. Duru görü yapan medyumlar kaybolan eşyaları bu şekilde bulabilmektedir.

Şifacılar tek bir dokunuşla hastanın hasarlı olan organına en uygun frekansı vererek onu iyileştirebilmektedir. Şifacı ya da bioenerji uzmanı olarak tabir ettiğimiz kişilerin yaptıkları şey özünde kendileri vasıtalarıyla hastaya doğru frekansları vermektir.

DURU GÖRÜ ve DURU İŞİTİ

Duyu organlarının ya da araçların yardımı olmadan, zaman ve mekanla sınırlı olmayan algılama durumudur. Örneğin uyumakta olan süjeye elimdeki kitabın hangi sayfasında olduğumu ve bu sayfada ne yazdığını ya da "Yandaki odada kim var, ne yapıyor ya da masanın üzerinde hangi eşyalar var?" diye sorduğumda kapalı gözle görüyor, gördüklerini aynen söyleyebiliyordu.

Transta elde edilen duru görü ve duru işiti tasavvufta semi-ül basir ayeti ile izah edilebilir. "Ben kulumla görür, kulumla işitirim." (Taha/46. Ayet). Hüddam ilmi ve yıldıznamede bilme ve görme olayı üç harflilere dayandığı için içerisine yalan ve yanlış karışabiliyor. Burada ele aldığımız durugörü ve duru işiti konusu tamamıyla insanın kendi ruhsal yeteneğidir. Trans ile uzaktaki bir yakınınızdan bu yolla haber almak mümkündür. Büyük veliler de telsiz ya da telefonları varmış gibi birbirleri ile görüşebilmektedir.

Kehanet de, geleceğe uzanan bir durugörü şeklidir. Bu yetenekte olan insanlara kahin denir. Tarihte birçok kralın, padişahın yanında kahinler yer almıştır. Bu günümüzde de devam etmektedir.

Tarihte de bu yeteneklere sahip insanlardan biri Alois İriman'dır. Dünyadaki değişimler ve oluşumlar şu an bilmediğimiz ya da farkında olmadığımız bir olay için zemin hazırlıyor olabilir. Peki ya bu değişimleri, bizlerden önce gören ve insanlığı uyaran kahinler doğruyu söylüyorsa? İşte, dünya tarihinde en önemli ilk 10 kahin ve kehanetleri:

Alois Irlmaier

Irlmaier, 3. Dünya Savaşı hakkında kehanetlerde bulunan sıradan bir Alman vatandaşıydı. Fakat onu diğer kahinlerden ayıran en önemli özelliği 3. Dünya Savaşı'nın Orta Doğu'da patlak vereceğini düşünmesiydi. 21. yüzyıldan bu yana birçok insan, 3. Dünya Savaşının Orta Doğu'da başlayan sorunlar ile ortaya çıkacağını düşünmektedir, tıpkı 1950'li yıllarda yaşamış ve bunu tahmin etmiş olan Alois Irlmaier gibi.

1900'ler Almanya toprakları, profesyonel bir sondaj kuyu kazıcısı olan Irlmaier aynı zamanda bir maden arayıcısı olarak yaşamını sürdürüyordu. Irlmaier'in 2. Dünya Savaşı'nda bombalanacak yerleri bilmesi ve kaybolan birkaç kişiyi bulması sonrasında gelecek hakkında haberler veren gizemli bir insan olarak tanınmaya başladı.

Kehanetleri ona hem saygınlık hem de gittikçe artan bir ün kazandırdı. İşlenen suçların soruşturmasında ondan yardım alındı, tabi bu yardımı onun düşman kazanmasına da yol açtı. Daha sonra bazı kesimler tarafından şarlatan ve büyücü olarak suçlandı. Büyücülük ve sahtekarlık ile suçlanmasının ardından mahkeme sonucu davanın düşmesine karar verildi. Irlmaier bu davada sahtekar olmadığını kanıtladı. Mahkemede hâkimin karısının o gün ne giydiği ve ne yaptığını söylemiş, hâkimin karısını hiç görmemesine rağmen, tamamen doğru bilgileri vermesi hâkimi ikna etmişti. Dava düşerek Irlmaier serbest bırakıldı.

Irlmaier gelecekle ilgili kehanetlerini kimi zaman gözünün önünden kayan rakamlar kimi zamanda belirsiz veriler şeklinde görüp yorumluyordu. Kendi ölümünün de 1959 yılının Temmuz ayında gerçekleşeceğini tahmin etmişti. Ölmeden önceki son sözleri oldukça gizemliydi ve kendinden emin bir şekilde "Gördüğüm şeyleri yaşamak zorunda kalmayacağım için, öleceğime seviniyorum." demişti.

3. Dünya Savaşı ile ilgili kehanetine gelince, savaşın Orta Doğu'da başlayacağını söylüyordu: "Her şey barışı çağırıyor. Sonra her şey ortaya çıkar ve açık olur; Orta Doğu'da aniden yeni bir savaş alevlenir, büyük deniz güçleri Akdeniz'de düşmanlarla karşı karşıya kalır! Durum oldukça gergindir! Fakat asıl kıvılcım Balkanlar'da ateşlenir.

Büyük bir şeyin düştüğünü görüyorum. Hemen yanında kanlı bir hançer duruyor. Sonrasında da darbe etkisi çok açık olacaktır. İki kişi hiyerarşik sıralamada üçüncü sırada olan birini öldürecek. Bu iki kişi başkalarından para aldılar o yetkiliyi öldürmeleri için. Katillerden birisi ufak-tefek siyahi bir adam ve diğeri ise biraz daha uzun ve açık renkli saçı olan birisi! Bence bu olay Balkanlar'da gerçekleşecek fakat bunu tam olarak söyleyemiyorum. Bu olayın intikamı hemen gelecek bu uçsuz-bucaksız su üzerinden…"

Diğer Kahin Baba Vanga'dır.

1967 yılından ölümüne kadar resmi bir devlet memuru olarak kehanetlerde bulunan Vanga'nın, kehanetlerinin % 80'inin doğru çıktığı saptanmıştır. Bu kehanetlerini nasıl gerçekleştirdiğine yönelik çalışmalar da yıllardır devam etmektedir. Kehanette bulunurken etrafında oluşan enerji alanları, kehanetlerle öteki duyular dışı idrak yetenekleri arasındaki ilişki, beyninin diğer insanlardan farklı çalışıp çalışmadığı ve psikolojik durumu sürekli inceleme altındadır.

Dönemin, Osmanlı İmparatorluğu altında olan Bulgaristan'da (şimdiki konumu ile Makedonya Cumhuriyeti) 1911 yılında sağlık komplikasyonlarından muzdarip prematüre bir bebek olarak dünyaya geldi. Bu yüzden hayatta kalıp kalmayacağı belli olana kadar, yerel geleneklere göre kendisine isim verilmemiştir. Daha sonra hayata tutunduktan sonra iyi haber getiren anlamında Vangelia adı koyulur.

Vanga'nın çocukluğu yoksulluk ve imkansızlık içinde geçmişti. Kardeşinin bakımı ve ev işleri işe uğraşan Vanga'nın, o zamanlar en sevdiği oyun, başka bir odaya bir cisim yerleştirerek, sonra da onu bulmaya çalışmaktı. Gözlerini kapatıp kör taklidi yaparak, cisme ulaşmaya çalışan küçük Vangelina, bu oyunuyla ailesinde endişeye yol açar. Hayatındaki dönüm noktası, bir kasırga (bu iddia o zamanın meteorolojik kayıtlarıyla ya da diğer hesaplarla doğrulanmadı) oldu ve Vanga'yı 2 km uzağa attı. Vanga bulunduğunda gözleri kum ve toz ile kaplıydı, bu yüzden şiddetli ağrıları nedeniyle gözleri açılamadı. Hiçbir iyileştirme çabası sonuç vermedi. Az bir para ile sadece kısmi bir operasyon yapıldı, bu yüzden tekrar görebilmesi mümkün olmadı.

Talihsiz kazadan sonra, Vanga'da gözle görünür değişmeler oldu; garip şekilde düşünceli bir hale bürünüyor, kendi içine dalıyor, etrafına görmeyen gözleriyle bakıyordu.

1925 yılında Vanga, Zemun kentinde körler okuluna götürüldü ve orada üç yıl geçirdi. Ailesi maddi olarak çok zayıftı. Bütün gün çalışmak zorunda kaldı. Vanga önceki yıllarda oldukça sağlıklıydı, ancak 1939 yılında Plörezi'ye (akciğer rahatsızlığı) yakalandı. Doktorun görüşüne göre yakında ölecekti. Doktorun onu çok genç yaşta ölmesi ile ilgili yanlış görüşlerine rağmen, gerçekten hızlı ve kabul edilebilir derecede iyileşti.

2. Dünya Savaşı'nın başında, 1941 yılında, Vanga'nın paranormal yetenekleri iyice ortaya çıktı. Bundan sonra Vanga, insanlara her türlü sorunlarıyla ilgili bilgi vermeye başlamıştı. Kaybolan bir eşya veya evcil bir hayvanın yerini söylemekte, hastalıklarla ilgili şifalı otları tavsiye etmekte, insanlara savaşın o zor günlerinde ihtiyaç duydukları optimizmi ve inancı aşıla-

makta, en önemlisiyse evine gelen kimseyi geri çevirmemekteydi. Vanga'nın kahinliği, 1967'de devlet tarafından meşrulaştırıldı ve kendisi belediye hizmetine alındı. Kalabalıkla başa çıkması ve de rahatsız edilmemesi için özel görevliler tayin edildi. Belediye tarafından her gün görüşmek isteyene sıra veriliyordu.

Vanga, geleceği görüyor fakat kaderi değiştiremiyor, dokunduğu herhangi bir nesneyi bütün ayrıntılarıyla tarif edebiliyor, bastığı toprakta yıllar önce ne olaylar geçtiğini bilebiliyordu.

2. Dünya Savaşı / 1945

"Büyük Rusya'ya karşı çıkan o devlet, savaşı kaybedecektir..."
(Fenomen adlı belgesel filmden)

Kehanetleri Tüm Dünyanın İlgisini Çekiyor

1941-1996 yılları arasında, ünlü kahini ziyarete gelenlerin sayısı ile ilgili olarak birbirinden oldukça farklı bilgiler bulunur. Bu konudaki tahmini rakamlar, kesin olmamakla beraber 300 bin ile 1 milyon arasındadır!

Baba Vanga, Bulgaristan'da 1989 yılında devrilen eski komünist diktatör Todor Jivkov dahil çok sayıda devlet adamını kehanetleri ile etkiledi. Baba Vanga, 2. Dünya Savaşı sırasında Nazi lideri Adolf Hitler tarafından bizzat ziyaret edildi, Rus gizli servisi KGB bile ondan tavsiyeler aldı.

"Prag'ı hatırlayın! Prag'ı hatırlayın!... Şehrin üzerinde büyük güçler dolanıyor ve savaş... savaş diye çığlık atıyorlar... Prag, içinde balık tutacakları bir akvaryuma dönüşecek..."

(Bu, 1968 yılının başında, transa girerken yaptığı kehanettir. Ağustos 1968'de, Rus tankları Prag'a girmişti.)

Indira Gandhi'nin Vefatı / 1984

"Yakın zamanda hükümetin başına geçecek. Ama orada uzun süre kalamayacak, çünkü ölümü buna engel olacak... Onu ölüme götüren elbisesi olacak. Duman ve ateşin arasında, sarılı turunculu elbise görüyorum!" (Temmuz 1969)

(31 Ekim 1984 günü, bir İngiliz televizyon kanalı için, ünlü Yazar Peter Ustinov ile röportaj çekimi için hazırlanan Gandhi, o gün estetik kaygılarla, kurşungeçirmez yeleği giymekten vazgeçer... Ekranda daha iyi görüneceğini düşündüğü, safran rengi bir elbise seçer. Başbakanlık konutunu, ofisine bağlayan yolda, iki koruması tarafından ateş edilerek öldürülür... Kahin, suikast şeklini, (duman ve ateş-ateşli silah) ve de giydiği elbise rengini (safran-sarı, turuncu) tahmin etmekle kalmamış, elbisenin ölümüne neden olacağını da bilmişti... Çünkü İndira Gandhi, bugün müzede sergilenen bu elbiseden dolayı kurşun geçirmez yelek giymekten vazgeçmişti!)

Kursk Denizaltısı / 2000

"Kursk sulara gömülecek ve tüm dünya onun için ağlayacak..."

(1980 yılında, Vanga'nın devlet televizyonuna yaptığı bu kehanetin anlamını, Vanga'nın kehanetleriyle çok ilgilenen Ruslar çözemediler. Ta ki 20 yıl sonra, 2000 yılında, Kursk'ta bir Rus denizaltısının batması sonucu, 118 denizcinin okyanus tabanında araçları içinde mahsur kalmasına ve trajik bir şekilde havasızlıktan boğulmalarına kadar...)

11 Eylül Olayları / 2001

"Korku... Korku!... İki Amerikan kardeş, çelik kuşlar tarafından düşürülecek! Kurtlar, çalılarda ulur ve suçsuzların kanları deve gibi akar..."
(Rus Komsomolskaya Pravda Gazetesi)

Obama'nın Başkanlığı

"Bir gün Amerika'da beyaz ev siyah olacak, okyanusun ötesindeki siyah insanlar da beyaz..."
(Gazeteci Svetlu Dukadinov''ın beyanına göre Vanga'nın bu kehaneti 1992 yılında yapıldı. / Bulgar Wikend gazetesi)

Vanga'nın gelecekle alakalı olan kehanetlerine geçmeden önce belirtmek istediğim bir şey var. Yukarıda okuduğunuz kehanetlerin tümü, birebir olarak Vanga tarafından açıklanmış ve bazısı gazetedeki röportajlarında bazıları ise onu tanıtmak için çekilen belgesellerde geçmektedir. Fakat şu an birçok yerde Vanga'ya ait olmayan, uydurma kehanetler dolanıyor. Yukarıdaki kehanetlere dikkat ederseniz hiçbirinde spesifik bir tarih verilmemiştir. Şimdi de, Vanga'nın gelecekte olmasını beklediği kehanetlerine geçelim...

Suriye

"O zamana kadar insanlık, korkunç felaketler yaşayacak, çok büyük olaylar olacak... İnsanların bilinci de değişme aşamasında olacak. Güç zamanlar gelecek ve insanlar, aralarında dini gruplara bölünecekler. En son, dünyaya en eski öğreti gelecek... Bu yakında mı olacak diye soruyorlar. Hayır; yakın zamanda değil. Henüz Suriye işgal edilmedi!"

İsrail

"Şu an, İsrail yerle bir edilmeyecektir!"
(168 Saat gazetesi, 10.04.1995)

Dünya Devi

"Çin, yeni dünya gücü olacak. Sömürenler, sömürge haline gelecek."

Kıyamet

"İncil'de yazılmış olanlar gerçek olacak! Kıyamet olacak! Siz değil, ama sizin çocuklarınız onu yaşayacaktır..."

Ünlü Kahinin Ölümü

Vanga meme kanserinden 11 Ağustos 1996 tarihinde öldü. Cenazesine birçok devlet adamı dahil olmak üzere büyük kalabalıklar katıldı.

Bazı iddialara göre Vanga, ölüm tarihini, Nostradamus gibi biliyordu. Ölümü, kendi sözleriyle şöyle tanımlıyordu: *"Ölümden sonra insanın vücudu çürür. Geriye bir parçası kalır, o çürümez. Bu ruh veya adını bilmediğim bir şeydir. İnsandan geriye bu kalır. Çürümez, gelişmeye devam eder. Daha üst mevkilere ulaşır. Bu, ruhun sonsuzluğudur."*

Son sözleriyse: *"Birbirinizden nefret etmeyin, birbirinizi sevin..."* olmuştur.

"Gece siz uyurken... Sessizlikte... Ben göksel sesleri dinliyorum. Göğün çanlarının saat başı çaldığını ve tüm canlıların bu ritme cevap verdiğini duyuyorum. Çiçek ne zaman açacağını, horoz ne zaman öteceğini bilir. Eğer, her gördüğümü anlatabilseydim...

Evrenin bildiğim, fakat söyleyemediğim sırları... Bir barajı dolduracak kadar birikti... Duvarın yıkılmasına az kaldı... Fakat o zaman, Tanrı yardımcımız olsun!"

Bulgar hükümeti tarafından ölümsüzleştirilen kör Bulgar kahin Baba Vanga'nın 2018 kehanetleri dünyada yankı uyandırdı. Dünya tarihini değiştiren birçok olayı yıllar öncesinden tahmin eden ve şimdiye kadar pek çok kehanetinin gerçekleştiği görülen Bulgar kahin Baba Vanga 2018 ve sonrası için kehanetleri:

2018 — Dünyanın yeni hakimi Çin olacak. Çin ekonomik olarak güçlenecek.

2023 — Dünyanın yörüngesi değişecek.

2043 — Müslüman bir devlet yeniden Avrupa'nın tek hükümdarı olacak.

2046 — Tedavi edilmeyecek organ kalmayacak. Hastalıklı organın yerine yenisi yapılacak.

2076 — Bütün dünyada sınıfsız komünizm sistemi yerleşecek.

2088 — Bütün hastalıklar birkaç saniyede tedavi edilecek.

2097 — Çabuk yaşlanmanın önüne geçilecek.

2167 — Yeni bir din ortaya çıkacak.

2304 — Ay'ın sırrı, gizemi çözülecek.

3005 — Mars'ta savaş yaşanacak.

3797 — Dünyanın sonu gelecek. Başka bir gezegende insan yapımı yeni bir hayat başlayacak.

Hildegard Von Bingen

Hildegard von Bingen, 11. yüzyılda, yüzyıllar sonra büyük bir devletin kurulup bütün dünyaya hükmedeceğini ve beklenmedik bir zamanda yıkılacağını söylemişti.

Depremlerin, fırtınaların ve medcezirin yol açtığı dev dalgaların birbiri ardına sıralanarak bu ülkeyi ortadan kaldıracağını belirtmişti. ABD ile ilgili yaptığı müthiş kehanet haricinde, dünya barışı ile ilgili de tahminlerde bulunmuştu.

Nostradamus ve Küresel Isınma

Şimdi, birkaç tane seçilmiş Nostradamus örneğini görelim: (Centuries'ten seçmeler)
Gizli ateşlerle, birçok yer sıcaktan yanacak,
Az yağmur, sıcak rüzgar, çatışmalar, yaralar.
Aniden büyük bir tufan olacak,
Gök, hava ve toprak belayla dolu, karanlık,
20. yüzyılın sonunda, Büyük Beyaz Ölüm soluğu ile acımasızca gelerek, dünyayı beyaz cehenneme dönüştürecek,
Buzlu rüzgarlar ve fırtınalar dünyayı 40 gün, 40 gece etkileyecek,
Büyük Beyaz Ölüm'den kurtulanlar için yaşamın değeri çok büyük olacak,
Beklenen Kıyamet Günü (Armageddon), 2000'lerde gerçekleşecek,
Yüzyıl yenilenirken salgın hastalıklar, kıtlık artacak, ölüm askerlerden gelecek,
Az yağmur, sıcak rüzgar, çatışmalar, yaralar.
Büyük kıtlığın yaklaştığı görülünce,
Kıtlık sık olacak, sonra evrensel olacak,
Büyük, uzun, çok güçlü olacak,
Ağaçlar köklerinden, çocuklar annelerinden kopacak.

Nostradamus'a göre 2006'da yağmur ormanları yok olacaktı ama azalsalar da hâlâ varlar ve bir yıl sonra da yani 2007'de kuraklık başgösterecek. Ardından Dünya'yı depremlerle dolu bir 18 yıl bekliyor. 2025'te ise Dünya'nın ekseni değişecek.

Salgın hastalıklar ise cabası. En ölümcül salgın da "Büyük Neptün" dediği Amerika'da başgösterecek. Kahinin 1555'te yazdıkları, BM'nin küresel ısınma raporuyla ciddi benzerlikler taşıyor. Dünya'yı büyük çevre felaketlerinin beklediğini öne süren Nostradamus, depremler sonucunda 2025 yılına kadar dünya ekseninin de değişeceğini söylüyor. New York'lu şifre çözücü yazar Peter Lorie, gelecek mühendisi olarak tanımladığı Nostradamus'un dörtlüklerinden yola çıkıyor ve birçok uzmanın kahinin dörtlüklerinde 2012 yılına dikkat çektiğini ama insanoğlunun ilk önce 2007 yılına önem vermesi gerektiğinin altını çiziyor ve; "Nostradamus'un kehanetlerine göre 21. yüzyılın başı yeni olaylara gebedir" diyor. Bunlar neler?

Dünya'nın merkezinden çıkan volkanlar, New York civarında sarsıntılara sebep olacak sonra Syracuse yeni bir nehri kızıla boyayacak Mars, Merkür ve Ay bir araya geldiğinde, Hindistan'ın güneyine ve Asya'ya doğru büyük kuraklıklar olacak. Dünya depremlerle titreyecek. Lorie, dörtlüklerde bu yüzyılın sorunlarının anlatıldığını söyleyerek insanları uyarıyor; "Bu hızla gidersek, 2006'dan sonra hiç tropikal orman kalmayacak. Böylece ağaçlar havayı temizlemek görevini yerine getiremeyecek. Asıl sorunlar 2007 yılından itibaren kendini hissettirmeye başlayacak." Ünlü şifre çözücü, iklim bilimcilerin yeni bin yılın ilk yıllarında dünyanın şimdiye kadar görülen en büyük kuraklığa sahne olacağını söylediğini de belirtiyor ve ekliyor; "Fırtınalar her zamankinden daha sık olmakta. Yakın zamana kadar büyük fırtınalar birkaç yılda bir olmaktaydı. Ancak şimdi neredeyse altı ayda bir görülmekteler." Lorie'ye göre, kahin dörtlüklerinde 2025 yılına kadar sadece depremlerden değil, belki dünyanın ekseninin bile değişimine sebep olabilecek sismik aktivitelerden bahsetmekte. Baharda bunlar olacak ve bunu diğer olağanüstü gelişmeler izleyecek. Ülkelerin altının üstüne gelecek ve büyük depremler yaşanacak. Ekim ayında da en büyük hareket olacak ve insanlar gezegenin yerçekimini kaybettiğini düşünecekler. New Yorklu yazar, 21. yüzyılda amansız hastalıkların insanoğlunun başını çok ağrıtacağını da, Nostradamus'un dörtlüklerinden örnekler vererek açıklıyor.

Shipton Ana

İngiliz Kahine Shipton Ana'nın kehanetleri içeren orijinal kopyalar (o dönemde yapılmış olan kopyalar), Güney Galler'de Mitchell Eyalet Kütüphanesi'nden otuz yıl önce çalındı. Hâlâ izi bulunamadı. Orijinal el yazmaları ise aynı yerde kilitli bir odada saklı ve ziyaretçilerin görüşü yasak. Bilindiği kadarıyla, kehanetler yüzyıllarca aynı yerde kavanozların içinde rulo olarak bulunmuşlardı. Sonraki yüzyıllar içinde yapılmış olan bir diğer kopya ise Londra Swiss Cottage Kütüphanesi'nde saklanıyor. Shipton Ana günümüzden söz ederken bazı yerlerde ne demek istediği açıkça belli oluyor. Yorum yapmıyor, çevirileri sunuyorum.

Gelecek zamanda nelerin olacağına dair,
Dünyanın altüst olduğu zaman geldiğinde,
Alevli yıl kısa zamanda gelirken,
Aşk ölecek ve evlilik sona erecek, (Beraber yaşamak)
Ve uluslar azalacak, bebekler azalırken, (Kürtaj)
Fırtınalar ve okyanuslar kükreyecek,
Eski ülkeler ölecek, yenileri doğacak,
Kızgın canavar göklerden geçecek,
Dağlar kükremeye başlayacak,
Depremler düzlüğü kıyıya ayırıyor,
Ve sel gibi sular içine saldırıyor,
Karalarda tufan olacak, gürültüyle,
İnsanoğlu çamur bataklığına gömülüyor, Fışkıran sular azalıyor,

Ve insanlar ölecekler, susuzluktan evvel,
Okyanuslar kıyılardan yükseliyor,
Ve ülkeler çatırdıyor, yırtılıyor, yeniden,
Ve bir uzak soğuk yerde,
Bazı insanlar, oh, ne kadar az bir grup,
Kendi sağlam yerlerini terk edecekler,
Ve dünya da kısa bir süre, çok az sayıda,
İnsan ırkı yeniden başlıyor, Toprak denizden yeniden yükseldiğinde,
Kuru ve temiz olacak, yumuşak ve özgür,
İnsanoğlu kirli, pis ve orada,
İnsanın kaynağı, yeni soy,
Ve orada her korku yaşanacak,
Fakat zaman belleği siliyor,
Sıcaklık, soğuk ve bunlar insan eseri, (Küresel Isınma)
Geleceğin insanının düşünceleri aydınlık, Üç uyuyan dağın nefesi hızlanıyor, (volkanlar)
Ve çamur içine gömülü ve buza ve ölüme,
Ve depremler kentleri ve kentleri yutuyor,
Ve uluslar iç çekiyorlar, yapacak bir şey yok,
Ve sarı adamlar büyük güç alıyorlar, (Çin)
Oh, herkesin görmesi için işaretler,
Bu gerçek kehanetin gerçeği.

Prag Kahinesi (? – 1658)

Bohemyalı yetim bir kız olan kahine hakkında fazla bir bilgi yok, genç kızlığında çingenelerle beraber yolculuk yaparak, Kutsal Topraklar'a, Orta Doğu'ya. İtalya'ya gittiği ve ileri yaşlarda Prag'a yerleştiği biliniyor. Kehanetlerini bahçıvanı yazmıştı:

1. .... Kalplere karanlık girecek. Halk çok garip, tüm bilgiler zararlı ve dünyayı tehdit ediyorlar ve yıldızları yöneteceklerine inanıyorlar. Bu onların küstahlığı, insanlık haddini bilmeyip uzaklara gitmek istiyor ve zorluklara üzülüyor. İnsanlar çok acı çekiyorlar çünkü insan ruhu her şeyi fethettiğini sanıyor ve doğa değişiyor (İklimsel değişimler, küresel ısınma gibi.

2. Tanrı ile alay edecekler, onların suçları Tanrı'yı iğrendirecek çünkü onlar yapay insan yapmak isteyecekler (Clonlama). Yapay insanların ruhları zavallı, beyinleri kalacak.

3. Yeni dinler doğacak (Yeni Çağ öğretileri)

4. Karanlık zamanlar gelecek, iki beş ve çapraz 19'da (???) Yaşananlar daha önce hiç yaşanmamış olacak. Dünya hareket edecek, sallanacak, derin çatlaklar açılacak, ölüler ve canlılar içine düşecekler. Her şey karanlıklara gömülecek (Üç günlük karanlık?).

5. Garip zamanlar, garip insanlar dünyayı dolduruyor. Hiç kimsenin şansı yok, doğa şiddet dolu ve insan ruhu kendisini evrenin üzerinde hissediyor. Niçin karanlık dalgalar kıyıları dövüyor ve yakıyor?... her yerde yaban otları, hava zehirli, kentler kır gibi. Bu insanlığın hasat günü mü?

Bu verdiğim örnekler daha çok kehanete yani geleceği görmeye giriyor. Bunlara kahin deniyor. Bazı Allah dostlarına da bu yetenek verilmiştir. Tüm kainatın kaderi Levh-i Mahfuz denilen hafızaya kaydedilmiş bir levha ya da kitaptan söz edilir. Bu kitap Kur'an'da şöyle geçer:

"Levh-i Mahfuz, değişmeyen KADER levhasıdır. Burada olacak olan her şeyin son ve kesin şekli yazılıdır."

"Allah (o yazıdan) dilediğini siler, (dilediğini de) sabit bırakır. Ana kitap (olan Levh-i Mahfuz) ise O'nun katındadır." (Rad, 39)

"Şüphesiz ki biz, her şeyi (Levh-i Mahfuz'da yazılmış) bir kadere göre yarattık." (Kamer, 49)

"Çünkü gökte ve yerde gizli hiçbir şey yoktur ki, apaçık bir kitapta (Levh-i Mahfuz'da) bulunmasın!" (Neml, 75)

Kelime anlamı olarak Levh-i Mahfuz; "levh" levha, "mahfuz" ise korunmuş demektir. Allah'ın takdir ettiği, olmuş ve olacak bütün şeylerin üzerinde yazılı bulunduğu kabul edilen kader levhasına denir. Ayet-i Kerime'de de "Allah (o yazıdan) dilediğini siler..."

Levh-i Mahfuz, Allah'ın gökleri ve yeri yaratmadan önce yazmış olduğu bir kitaptır. İki türlü kader vardır.

KADER-İ MUALLAK; şarta bağlı olup niyaz ve dua ile değiştirilebilir.

KADER-İ MÜBREM ise sadece Allahu Teala'nın bilgisinde olup, O'nun isteği ile değişebilir.

Mesela insan doğar büyür, evlenir, ölür derken bu değişmez bir kaderi ifade eder. Hayatında karşılaşacağı olayların iyi yönde olması, dua ve niyaz, insan hayatını iyi yönde etkileyecektir şüphesiz.

Kader levhasında yazılanların oluşmasına "Kaza" denir. Kazayı hafifleten ya da değiştiren şeyin sadaka olduğu söylenir. Derman Hocam sadakayı, dilenciye verilen para değil; güleryüz gibi insanın insana gösterdiği bütün iyi haller olarak ifade eder. "İnsan gibi ülkelerin de kaderi vardır." der.

Mevlana hazretleri ise kader konusunda şunları söylemiştir:
"Günlük hayatta önlemesi elimizde olmayan pek çok sıkıntı ve dertlerle karşılaşırız. Çoğu zaman da bunları gereğinden

fazla büyütür, mutsuzluk, endişe ve stres içinde hayatı kendimize zehir ederiz. Gerçekte ise, hayatın asla tam olarak idrak edemeyeceğimiz kanunları vardır. Nasıl küçük taşkınlar büyük sellere engel olursa, insanın başına gelen bazı dertler de onu daha büyük belalardan korumak için adeta koruyucu vazifesi görmektedir."

Mevlana bu konuyu bir hikâye ile anlatır: Bir adam Hz. Musa'dan kendisine hayvanların dilini öğretmesini ister. Hz. Musa, bu isteğin tehlikeli olduğunu, herkesin buna tahammül edecek gücü olmadığını söylese de adam ısrar eder. Bunun üzerine Hz. Musa, adama sadece evindeki köpekle, horozun dilini öğretir.

Bir sabah evin hizmetçisi sofra örtüsünü bahçeye silkelerken bir parça ekmek yere düşer ve horoz hemen bu parçayı kapar. Köpek, horoza parçayı kendisine bırakmasını ve kırıntıları yemesini söyler. Horoz, köpeğe üzülmemesini, o gün ev sahibinin atının öleceğini ve köpeğin bol yiyeceğe kavuşacağını söyler. Bunu işiten adam derhal pazara gider ve atını satar.

Ertesi sabah horoz, köpeğe; adamın kazayı defetmek için atı sattığını, ancak onun yerine katırın öleceğini ve bütün hayvanlara ziyafet olacağını söyler. Bunu duyan adam katırı da satar.

Üçüncü gün, horoz bu kez de köpeğe evdeki kölenin öleceğini, yoksullara, köpeklere bol yemek dağıtılacağını söyler. Adam köleyi de elden çıkarır. Diğer yandan üç beladan da kurtulduğu için sevinmektedir.

Dördüncü gün gelir. Açlıktan halsiz kalan köpek sitemde bulununca; horoz, ev sahibinin her üç ziyanı da savuşturduğunu, ancak bu defa sıranın ona geldiğini söyler. Atın, katırın ve kölenin ölümlerinin kendisine gelecek kazayı def etmek için olduğunu, fakat hırsa kapılan adamın bunu kabullenmediği için öleceğini, birçok yemeklerin yapılacağını, hayvanların doyurulacağını dile getirir.

Adam pişmanlık ve korkuyla Hz. Musa'ya gider, canının bağışlanmasını ister.Hz. Musa, atılan okun geri dönmeyeceği gibi, kazaya mani olmanın da imkânsız olduğunu, elinden gelen tek şeyin onun imanla ölmesi için dua etmek olduğunu bildirir. Adamcağız korkusundan hastalanır ve ölür.

Mevlana hikâyenin sonunda şöyle der:

"Sen burnunu kanatmak istemezsin ama burnun kanar. Bu kanayış sana sağlık verir."

Ayrıca hastalıklar, doğal afetler, insanlardan gelecek türlü musibetler mümin kullar için rahmet ve nimet sayılır. Cenâb-ı Hak, genellikle günahkâr mümin kullarının cezalarının âhirete kalmaması için günahlarına kefâret olarak dünyada belalar ve musibetler verir. Allah'ın izni olmadan hiçbir şeyin gerçekleşmeyeceğini bilen kâmil müminler için musibetleri sabır, tevekkül ve şükürle karşılamak bir ibâdet sayılır. Rabbim bizleri bu zümreye ilhak eylesin. Âmin."

Kaderin diğer anlamı; doğa, fizik kanunlarıdır.

Derman Hocam suyun kaderini örnek verirken; suyun sıvı, hava (gaz-buhar), buz (katı) hale dönüşmesini suyun kaderi olarak tanımlar. Resulullah efendimizin sözlerinden istihraç olarak gelecekte ülkemizde yaşanacak olaylara da değinir.

"Resulullah efendimiz buyurdu. Ümmetim 1400 seneye erişir. 1500'e varmaz. Yer yer kıyamet olur. en son Mekke ve Medine'de, sonra bütün kainat" dedikten sonra Ebrehenin memleketinden sakallı bir grup, Kabe'yi ve hacerül esved taşını tahrip etti. İlk kıyamet belirtisi oldu. Bir tek hacerül esved taşı kaldı. Deccal çıkacak, mehdi çıkacak, İsa peygamber inecek. Bunların hepsi oldu. Kimse farkında değil." der. (Bunlar olayların sembolü olabilir.) Teknolojinin gelişmesi ile birlikte kin ve intikam duygusu ile yaşanan savaşlar, öldürülen insan ve hayvanlar, bunlar yer yer kıyamettir. Yakında Hak ortaya çıktığı zaman, büyük zelzeleler, seller, yer batmaları, su çekilmeleri, kıtlık, kuraklık olacak. Birçok millet kısa zamanda yok olacak. Bir ateş saracak büyük ülkeleri, zalimler mahvolacak. Ülkemizde haklı, haksız birçok insan ölecek.

Zaten kahinlerin birçok ortak kehaneti bulunmaktadır. Dünya ekseninin değişmesi ile iklimlerin değişiyor olması, Güneşin sıcaklığının artıyor olması, olacak kuraklıklar, depremler, seller, yanardağlar, fırtınalar bilimsel bir gerçektir.

İç Anadolu'da da, aylar süren kar yerini soğuk ve ayaz bir iklime bıraktı. Ege bölgesinde 40 gün 40 gece yağmur yağarken, yağmur seyrek yağar oldu. Bazı illerimizde seller olması, deprem profesörlerinin, Marmara bölgesinde büyük bir deprem bekliyor olması görülebilen bir gerçektir.

Kahinlerin kehanetlerinin bazen doğru çıkmaması, Allah tarafından değiştirilebilir olmasındandır.

İSTİHRAÇ

Kur'an ayetlerinden derin anlamlar çıkarmaktır. Denizin bir görülen maviliği, bir de o mavilik altındaki derinliği vardır. Dıştan bakanlar, o maviliği ve dalgalanmayı görürler. İçe dalanlar ise, çok zengin manzaralarla karşılaşır, denizin derinliklerinden inci-mercan gibi mücevherler çıkarırlar.

Kur'an ayetlerinin meâli, denizin o maviliğine benzer. Ayetlerin tefsiri ise, o maviliğin altındaki muazzam derinliktir. Kur'an denizinin dalgıçları olan müfessirler, o deryadan inci-misal manalar istihraç ederler.

Örneğin Fahreddin Razi, A'raf Suresi'nde anlatılan cennet ve cehennem sakinlerinin konuşmalarından şu ince manayı çıkarır: "Cennet ve cehennem aslında birbirinden çok uzaktır. Demek ki, mesafenin uzaklığı, sesin nakline engel değildir." Günümüzdeki radyo-televizyon-telsiz gibi iletişim araçlarından hiçbirinin olmadığı 800 yıl öncesinden bunu söylemek gerçekten takdire şayan bir istihraçtır.

İSTİDRAÇ

Keramet, Cenab-ı Hakk'ı bütün sıfatlarıyla birlikte tanıyan, O'na ibadette kusur etmeyen, günahlardan sakınan, gayrımeşru lezzetlere iltifat etmeyen, gaflete dalmayan zatlarda görülür. Bu vasıfları taşımayan, hatta tam tersi bir yaşayışın içerisinde olan kimselerden görülen harikalıklar ise keramet değil, 'istidraç'tır. İstidraç, küfrü veya fasıklığı açıkça görülen kimsenin elinde, isteğine uygun olarak zuhur eden harikalıklardır.

Allah'a itaat etmeyen, O'nun yasak kıldığı şeyleri isteyen kimselerden cam yemek, vücutlarına şiş sokmak gibi görülen olağanüstü haller keramet olmayıp, istidraçtan başka bir şey değildir. Hatta İmam-ı Rabbani Hazretleri, Allah'a iman etse ve O'nun emirlerini yerine getirse dahi, bu hallerini başkalarına gösteriş için ve şöhret kazanmak gayesiyle göstermeyi de istidraç olarak değerlendirmektedir.

Çünkü gerçek bir veli, gösteriş için değil, ihtiyaç anında Allah'ın kendisine bir ikramı olarak keramet ortaya çıkartır. Bundan dolayı, halkı aldatmak, birtakım menfaatler temin etmek ve yalancı bir şöhret elde etmek maksadıyla herkesin yapamadığı bazı hareketlerde bulunan sefih insanlara kıymet vermemek gerektir. Bu hallerini de evliyanın kerametiyle karıştırmamak lazımdır.

ASTRAL SEYAHAT (İSRA)

Astral seyahatin tasavvuftaki karşılığı İsra'dır. Bedenen değil, geçici bir süre ruhen ayrılıştır. Bu da konsantrasyon ve trans ile elde edilir. Vücuttan ayrılma olunca, insan sadece bir bedenden ibaret olmadığını anlar. Bu konuda yazılmış pek çok eser de vardır. Kendi deneyimlerimden örnekler verecek olursam; parmağını kımıldatamayacak, bağırmak isteyip sesin çıkmadığı, vücudun iyice gevşediği uykunun derinlik halinde; uyku ile uyanıklık arasında aniden kafada bir uğultu, kulaklarda bir zil sesi duyulmaya başlar. Sonra rüzgarda uçan bir pamuk gibi vücuttan ayrılış başlar. Yükselirken yataktaki bedenini görürsün, etrafı görürsün, evin içini ve dışını görürsün. Bir an ölme endişesi duyulursa da, bu bir ölüm değil, geçici bir ayrılıştır. O zaman insan sadece bir bedenden ibaret olmadığını ve ruhsal olarak hayatın devam ettiğini anlar. "Ölmeden önce ölmek" budur. "İnsan kuşlar gibi iki defa doğmalıdır." denir. Kuşlar önce yumurta olarak sonra da yumurtayı kırarak doğarlar. Astral ayrılış da, ikinci doğuşu sembolize eder.

Burada amaç uyku ile uyanıklık arasındaki durumu yakalayabilmektir. Bazen insan uyuyup kalır, uyandığında sabah olmuştur. Bu bir eğitim alışkanlığıdır.

Medyada hastane ve kazalarda, ölüme yakın deneyim yaşayan insanların hikayelerine sıkça rastlanır.

Bir de Miraç vardır. "Namaz müminin miracıdır." denir. Münir Derman Hocam, miracın "tayyi mekan değil, tayyi zaman olduğunu" söylerdi.

RÜYA

Rüya, ruhun bedenden ayrılıp, geçici bir süre ruhlar alemine dönmesidir. Bazen insan kapalı gözle nasıl görür diye şaşırır. Bu, ruhun görmek duymak için göz ve kulağa ihtiyaç duymadığını gösterir. Yine de beyinde bir görme merkezine yansır. İnsanda başgözü vardır, ayrıca tasavvufta kalp ve gönül gözünden söz edilir. Kalbin içersinde bir göz olmadığı aşikardır. Bahsedilen yine başgözüdür. Görüntü ve sesler yine başgözünün bağlı bulunduğu merkeze yansır. Rüyalar günlük hayatın, geçmişin görüntüleri, hayali görüntüler olabildiği gibi hakikat çıkan rüyalar da vardır.

RÜYET (YAKAZA)

Uyku ile uyanıklık arasında bir zihin durumudur. Rüyete bazen koku eşlik eder. Bu rüyetin doğruluğunu teyit eder. Bütün ruhsal olaylar, görüntüler rüyet esnasında algılanır. Tasavvufta bu hale Yakaza denir. Rüya kendi isteğimizle görülen bir olay değildir. İstemekle rüya görülmez. Görülen rüyalar günlük yaşantımızla, geçmiş ve gelecekle ilgili olabilir. Bir de manevi rüyalar vardır. Buna rüyet ya da yakaza denir Uyku ile uyanıklık arasında zihnin bir halidir. Bununla ilgili pek çok hikaye anlatılır: Gözleri görmeyen bir kadına, Resullulah efendimizin ruhaniyeti gelir. Gözlerine pamuk koyup gider. Kadın uyandığında gözlerindeki pamukları fark eder. Pamukları gözünden aldığında, gözlerinin gördüğünü fark eder. Yine benzer bir hikayede yürüyemeyen bir adam yürür hale gelmiştir.

Hakiki olanlara bir koku eşlik eder, çiçek kokusu gibi!

Koku manevi alemden gelen rahman esmasının koku halinde ermiş kişinin vücudundan yansımasıdır. Bunlardan birisi Ladikli Ahmet Ağa'dır. Savaş yıllarında yaralı bir halde yatarken, at üzerinde Hızır gelir. Ona su ve ekmek verir. O da ekmeğini bir köpekle paylaşır. Sonra atın arkasında hastane önüne bırakılır. Hemşireler onu sedyeyle taşırken, "Bu insan ne güzel kokuyor!" diye şaşırırlar. Sanki burada Rahman ona Hızır'ı göndermiştir. O alemden verilen su ve ekmek ve de hayvana gösterdiği merhamet vücut kimyasını değiştirmiş, sonra tanınmış bir veli olmuştur. Dr. Münir Derman Hocam da güzel kokardı. Kendisine bir koku sürünüp sürünmediğini sorduğumda, kendisinin veli olduğunu saklamak ister gibi, hem de cümle içersinde veli olduğunu anlatır gibi "O senin kendi kokun oğlum. Biz ayna görevini yaparız. O koku sana yansır." demişti.

Rüyet lafı ayrıca zikredilmeyip, genel olarak rüya kelimesi ile ifade edilir. Baykur Bilgin gerçek çıkan bir rüyasını anlatmıştı: "Rical-i gaybin, Mekke'de Hira Dağı'nın eteğinde Salihler divanı vardır. Peygamberimiz başkanlık eder. Peygamber ve evliya ruhaniyetleri orada hazır bulunurlar. Rüyamda kendimi Salihler divanı önünde buldum Boynunda Y harfi olan bir kolye taşıyan, Yakup peygamber gel işareti ile yanına çağırdı. Sonra yarın muhtaç birilerine elli lira vermemi söyledi. Sabah uyandığımda, muhtaç olanlara yardım etmek için yola çıktım. Ankara Kızılay'da yürürken arkadan bir el omuzumu tuttu. Dönüp baktığımda şaşırdım. Rüyamda kolyesi ile gördüğüm şahıs karşımda duruyordu. 'Hani benim elli liram?' dedi. Son paramı da büyük bir heyecanla ona verdim. Eve varınca kendime gelmem epey zaman aldı."

Münir Derman Hoca da rüya için "Kafamın içine sinema mı koydular. İnsan istedigi vakit rüya göremez." derdi. Kabe'de gördüğü bir rüyasını aktarmıştı; "Rüyamda Muhyiddin Arabi hazretlerini gördüm. Sohbet ettik. Ertesi gün Kabe'yi tavaf ederken omuzuma biri dokundu. Dönüp baktığımda Muhyiddin Arabi Hazretlerini gördüm. Bana bütün paramı dağıtmamı söyledi. Mekke'de saray doktoru olarak çalıştığım dönemde biriktirdiğim bir torba altını kesesi ile yardım dileyen birine verdim."

Benim de gerçekleşen bir rüyam olmuştu. İzmir'in Urla ilçesinde bahçemiz olduğu dönemde bahçede iki köpeğimiz vardı. Rüyamda birisinin sağ arka bacağının topalladığını görmüştüm. Hafta sonu bahçeye gittiğimizde köpeğin sağ arka bacağı aynı şekilde topallıyordu.

ZİKİR

Anmak anlamındadır. Konsantrasyonu sağlamak için kelimelerin zihinde tekrarlanmasıdır. İki türlü zikir vardır: Sesli ve Sessiz zikir. Zaten sesli zikirden sessiz zikre geçilir. Anadolu'da ilk tasavvuf ateşini yakan Hoca Ahmet Yesevi, doğrudan sessiz zikir önermiştir. Bir öğrencisini Hindistan'da bulunan Debbağ hazretlerine göndermiştir. Hint ve tasavvuf yöntemlerinin arasında pek çok benzerlik bulunur. İslam tasavvufundaki 7 letaifin karşılığı Hint yoga kültüründe 7 çakradır. Bu zikir yöntemine Uzak Doğu kültürlerinde meditasyon denir.

TESBİHAT

Kur'an'da kainatin her an varolup yok olduğundan söz edilir. Elektrik ampulü saniyede 60 defa yanıp söner ama biz onu devamlı yanıyor görürüz. Bu yaradılış sırrıdır. Bu varoluş ve yokoluş ritmine tesbihat denir. Bu ritme uyum sağlamaya da zikir denir. Zikirde kalp ritmi de örnek alınır.

MEDYUMLUK

Medyumluk, hipnozdaki gibi sözlü telkine dayanmakla birlikte imajinasyon yöntemi de kullanılır. Hipnozla transa geçirilen süje durugörü ve duruişiti safhasına geldiğinde cinlerle irtibat kurabilir. Ruhlarla irtibat kurulduğu inancına dayanan bu yöntemde irtibat kuran kişiye medyum denir. Zihnini bu varlıklara açan süje, onların bedenini kullanmasına izin verir. Bu tür irtibatlarda, görüntü hasıl olursa, bu varlıkları ortaya çıkaran şeylerden birinin göz renklerinin yeşil ya da kırmızı olmasıdır.

İMAJİNASYON

Uyutulan kişiye hayali bir ortamda bulunduğu gözünde canlandırılarak dış dünyadan soyutlamaktır. Bu hayali ortamlar bir kumsal, orman vb olabilir. Bu uyku derinliğinde iken, süjeye etrafında kimse var mı diye sorulduğunda, varlıkları görmeye açık hale gelir ve o varlıkla konuşması istenir.

İstenirse o varlık uyuyan medyum özelliği kazanmış kişinin ağzından konuşur. Bu kişiye konuşan medyum denir. Ya da uyuyan kişinin eli ile yazması istendiğinde bu medyuma da yazıcı medyum denir. Bazı medyumlar vücudundan çıkan ektoplazma ile gelen varlığı görünür hale getirebilir. Bazıları medyumun zihnine etki ederek medyumda bulunan enerjiyi (Qigong) kullanarak eşyaları yerinden kımıldatabiliyordu.

Kısaca transa giren her insan medyumluk özelliği kazanabilir.

Gençler arasında ruh çağırma oyunları yapılır. Fincanla, sayı ve harflerden oluşan QUIJA – Ruh çağırma tahtası kullanılır. Gelen varlık ruh olarak kendisini tanıtarak insanları kandırır. Bunlar cindir. Gerçek hayatta bir büyüğümüzü ya da tanınmış birini nasıl ayağımıza çağıramazsak, onun ruhaniyetini de çağırabildiğimizi düşünmek tabi ki mantığa sığmaz. Üstelik ruhlar Allah'ın emrinde iken.! "Onlar dünyaya dönmek isterler. Ancak onların geri dönmelerini önleyen berzah vardır." (Mümin suresi/ 100) Cinlerin bu oyununa kananlar obsesyon tehlikesi altındadır. Emekli TRT prodüktörü Hüseyin Kansız ağabey hatıraların son bölümünde, bu tür irtibatlar için "İstasyon karıştırıcılar" deyip, "başka varlıkların etkisi altındalar" diye bir tespitte bulunmuştur.

Bu konuda Yazar Ahmet Hulusi RUH-CİN-İNSAN adlı eserinde güzel örnekler vermiştir.

Tarihte Gulam Mirza adında biri obsesyon etkisinde kalarak kendisini büyük bir veli, mehdi zannetmiş Allah ile konuştuğuna inanmıştır.

Bazı spiritüel topluluklar Mevlana'dan, uzaylılardan mesaj aldığına inanmakta birçok kitap yayınlamaktadırlar. Sadıklar Planı, Agarta, Amonra, Matu gibi! Bazen cinler ateş varlık olduğunu ifade eden kelimeler kullanarak, kendilerini ele vermekte, dikkatli okuyucular tarafından fark edilebilmektedir. Kur'an-ı Kerim'de bulunmayan konulara itibar edilmemelidir.

RUHLARLA GÖRÜŞME

Yasayan Allah dostlarına Veli; öbür aleme intikal etmiş Allah dostlarına Evliya denir. Kırklar sistemine dahil olanlara ruhlarla görüşme yetkisi verilmiştir.

Büyük velilerden Muhyiddin Arabi Hazretlerine sormuşlar; "Ruhlarla nasıl görüşürsünüz?"

"Üç şekilde" diye cevap vermiş.

1.Rüya Aleminde,

2.Onları bu aleme davet etmekle,

3.Onların alemine gitmekle.

REENKARNASYON

Birkaç hipnoz deneyimimde, uyuyan kişiyi telkinle zaman içersinde geriye götürdüğümde kitaplarda yazdığı gibi Fransa'da kral, Almanya'da fayton arabacısı gibi farklı zamanlarda çeşitli kişilikleri sergilemişlerdi. Uyuyan kişiye, "Sana bu gezide eşlik eden birisi var mı?" diye sorduğumda, kırmızı gözlü bir yaratığın boğazını sıktığını ve nefes alamadıklarını ifade etmişlerdi.

Antakya yöresinde olup, bugünkü yaşamında önceki ailesini bulan insanlar bir dönem televizyona bile konu olmuştu.Buradan çıkan sonuca göre bunlar obsede olmuş kişilerdi.

SİHİR

Sihir insana uyku ile uyanıklık arasında tesir eder. Sihirin aracıları üç harflilerdir. Şuurun zayıfladığı hallerde etki alanına girilebilir. Sinir bozuklukları, ruhsal çöküntüler, loğusa halleri, ateşli hastalıklar, nefs zayıflığı vb.

Tasavvufi ya da mistik çalışmalarda kalp gözü açılacağı için insan gördüğü, işittiği varlığın ne olduğunu bilemez. Her zaman obsesyon-uğrama tehlikesi vardır. Onun için mürşitsiz yola çıkılmayacağı; mürşidi olmayanın mürşidinin şeytan olacağı söylenir. Lakin günümüzde gerçek bir mürşit bulmak, pirinç içersinde taş aramak gibidir. Hakiki mürşit kokusu ile fark edilir.

ŞEYTAN ÇIKARMA AYİNİ

Şeytan çıkarma töreninin olduğu pek çok film yapılmıştır. Bunların en meşhurlarından Exorcist'in bir sahnesinde; bir rahip elinde haç, kutsal su ile karyolaya elleri ve ayakları ile bağlı olan kızın odasına girer, kızın içine girmiş şeytan ile konuşmaya başlar: "Baba-Oğul-Kutsal Ruh adına sana emrediyorum. Bu insanın bedeninden çık!"

Bu seans inançlarından kaynaklanan yanlışlarla doludur. Baba-oğul, kutsal ruh kimdir? Allah'ın, peygamberin, cebrailin vekili gibi rahip nasıl bir yetkiye sahiptir ki, şeytana emir verebilmektedir?

Bizdeki mahalle muskacı hocalarının çabalarının da çoğu başarısızdır. Elbette insan meleklerden üstün yaratılmıştır. Ancak ruhunu melek temizliğinde koruması lazımdır. Sonra Kur'an bir sihir kitabı değildir. İnsanın sosyal hayatını düzenleyen bir öğüt kitabıdır. Peygamberimiz öğüt kitabını cinlere de okumuştur. O, 18.000 alemin peygamberidir. Kur'an okuma esnasında hiçbir cin yanmamıştır. Cinler zaten ateşten yaratıldığı için neden yansınlar ki! O cinlerin sadece bir aldatmacasıdır.

Mynet haberde çıkan Hristiyanlıkta şeytan çıkarma ayini ile eşcinsel tedavi haberi oldukça ilginç!

"Nijeryada içine şeytan girdiği düşünülen homoseksüel zannedilen iş adamı 20 dakika süren şeytan çıkarma ayini ile normale döndürüldü."

Bir seyirci kitlesinin önünde sahneye çıkarılarak Hıristiyan rahibin önüne getirilen Tegus adlı Nijeryalı işadamı önce rahip tarafından sorguya çekildi. Ancak rahip işadamının kendisiyle değil, onun içindeki 'eşcinsel şeytanla' konuşarak onu itirafa zorlamaktaydı. Ne olduğunu anlayamayan işadamı görünüşe göre içinde bulunduğu atmosferden korkarak kaçmak istedi ancak kırmızı gömlekli iki muhafız tarafından yakalanarak tekrar rahibin önüne getirildi.

Ayinin sonunda kendinden geçerek yere yığılan adam tekrar kaldırıldı ve rahip tarafından bir kez daha sorguya çekildi, ancak artık "şeytan çıkarılmış" ve işadamı da "dönmüştü".

Rahibin "Şimdi nasılsın?" diye sorduğu işadamı Tegus yarı sersem bir şekilde iyi olduğunu söyledikten sonra, rahibin zafer dolu bakışları altında artık erkeklerden değil sadece kadınlardan hoşlandığını söyledi."

HİPNOZ ile TEDAVİ

Hipnoz ile psikolojik destek, kötü alışkanlıklardan vazgeçirmek; fiziki yetenekleri arttırmak; işte, sporda, sanatta başarılı olmak (şuuraltına olumlu telkin), şeytan çıkarmak (hipnoz ile üç harflilerle zihinsel irtibatı kesmek) gibi tedavi amaçlı çalışmalardır.

CİNLER VE OBSESYON

Birçok mahalle hocası, falcı ile tanıştım. Kayda değer anlatacak bir şey bulamadım. Mahalle hocaları niçin büyü, sihir bozamaz sorusuna şu cevabı veriyorum: Çünkü falcı ya da muskacılar, cinlerle çalışırlar.

İnsan yaratıldığında Allah iblise, "İnsana secde edin." demiş. İblis sadece kuru bir balçık çamur görmüş ve böbürlenmiş; "Ben ateşten yaratıldım daha üstünüm" demiş. İnsan maketinin içindeki Allah'ın kudretinden olan ruhu görememiş. İblis soyundan olan cinler de dünyada ilk yaratılan oldukları için hep insanlığa ve nefsine düşman olmuşlar. Bu nedenle onlardan yardım istemek doğru değildir. Çünkü yalan söylüyorlar. İnsanı kandırıyorlar. İblis Allah'tan mühlet istemiş ve kıyamete kadar insanları kandırmayı görev edinmiş. Kur'an'da bu konu anlatılır ve onlarla irtibat yasaklanır: "Doğrusu insanlardan bazı kimseler; cinlerden birtakım kimselere sığınırlardı da onların azgınlıklarını artırırlardı." (Cin Suresi/6)

Durugörüde birçok vasıta kullanılır; suya, aynaya, boyalı tırnağa, kristal küreye bakma gibi. Bu araçlar konsatrasyon ile transa geçmeyi sağlar.

İnsanlar gelecekleri hakkında haber almaktan hoşlanırlar. Bu nedenle kahve falı, el falı, tarot falı, yıldızname gibi yöntemlere başvururlar.

Şamanlarda, Afrika toplumlarında, Kızılderililerde, hatta gelişmiş toplumlarda da fala başvurulurdu. Tarihin her döneminde, yönetici kesimde müneccimler, kahinler, falcılar yer almıştır.

Günümüzde dahi Adnan Menderes döneminde Sihirbaz Sinbad'a mecliste bir oda verilmiştir. Yine Adapazarlı cinci gence meclise kolay girip çıkması için giriş kartı verilmiştir. Mecliste bazı milletvekilleri, Derman Hoca'nın yazıp öğrencisine verdiği kurşun geçirmez muskanın peşine düşmüşlerdir. Muskanın kimde olduğunu biliyorum ama bir başkasının elinde aynı etkiyi göstereceğinden şüpheliyim. Çünkü muska kimin için yazıldıysa o istifade eder. Muska derken bir başka hikayeyi de aktarmadan geçemeyeceğim: Bir kız uğrama olmuş, bir şey yemiyor, içmiyor ve artık hastanede ve ölmek üzere. Derman Hoca'yı bulmuşlar. O da tırnak kadar bir kağıda vav harfi yazmış, "bunu suyuna koyup içirtin" demiş. Kızın yakınları doktorlardan gizli suyu içirince, kız iyileşmeye başlamış. Sonunda doktorlar da bu olağanüstü iyileşme durumuna çok şaşırmışlar.

Derman Hoca Keçiören Senatoryumunda kalırken, ziyaretine gittiğim bir gün İspanya konsolosunun oğlu için muska yazdığını gördüm. Sonra birkaç cevize okudu. Cevizin insan beynine benzediğinden ve iyileştirici etkisinden bahsetti. Muska ile birlikte çocuğa okunmuş cevizleri de yemesi için verdi.

Türkiye'de ve Dünya'da Spiritualizm (Ruhçuluk) ile uğraşan birçok dernek vardır. Türkiye'de ruhçuluk akımını Doktor Bedri Ruhselman başlatmıştır. İstanbul'da, Beyoğlu'nda Metapsişik İlimler Derneği kurulmuş, yabancı eserlerden birçok tercüme yapılmıştır. Benzeri dernekler yurda yayılmış kimi Mevlana'dan, kimisi Sirius gezegeninden, Atlantis ve Mu, Agarta uygarlığından mesaj aldığını iddia ederek birçok kitap yazdırılmıştır. Kur'an gibi sağlam kaynaklar yeterince araştırılmadığı için insanlar bu eserleri doğru kabul edip yanlış bilgilere sahip olmaktadırlar. Bu konular içersinde uzaylılar, ufolar, reenkarnasyon-yeniden doğuş inançlarını barındırmaktadır. Bu tür kandırılmış sabit fikirli insanların bu durumuna obsesyon denir.

Yine İstanbul'da bir derneğin toplantısına katılmıştım, emekli bir eczacı, kendisini İsa peygamber ve Allah'ın yeryüzünde bedenlenmiş hali (Matu) olarak tanıtıyor, konferanslar verirken uydurduğu Atlantis dilini kullanıyordu. Her meslekten kültürlü insanların oluşturduğu bu cemiyetin nasıl oluştuğunu anlamak mümkün değildi.

Cinler İnsanları Aldatır.

Yapmış olduğum celselerde bu varlıklar o kadar farklı kişiliklere bürünüyorlardı ki bu konuda bilginiz yoksa rahatlıkla etki altında (obsesyon) kalabilirsiniz. Kah uzaylı kah Allah, peygamber farklı insanlar olabiliyorlar. Deniliyor ki şeytan peygamberin suretine giremez. Doğrudur ancak biz Peygamberin suretini tanımıyoruz! Nitekim celse çalışmaları yapan, ruhlarla görüştüğünü iddia eden birçok dernek, maalesef bunların uydurma öğretileri ve uydurma kişilikleri ile yanlış öğretilerinin peşine düşmüş, birçok celse kitabı yazdırılmıştır. Bir seansta kendilerine yalancı olduklarını söylediğimde şu cevabı verdiler: "Sanki Müslüman insanlar arasında yalan söyleyen yok mu?"

Bu varlıkları ayırt eden diğer özellikleri ise göz renklerinin yeşil ya da kırmızı olmasıdır.

Hipnozda ekminezi yöntemi ile zaman içerisinde ileriye ve geriye algılamalarda, kişi kendisini farklı çağlarda farklı kişiliklerde anlatmaktadır. Bu durum, ülkemizde Antakya'da reenkarnasyon inancını doğurmuş, televizyonlarımıza konu olmuştur. "Ölen bir insan, bir çocuk olarak dünyaya geliyor ve önceki ailesini buluyor." gibi örnekler çoktur. Bir seansta geçmişe yapılan bir zaman araştırmasında medyumun zihinsel algılamasına engel konduğu söylenmişti. "Engel koyan kim?" diye sorduğumda medyum boğazını kırmızı gözlü bir varlığın sıktığını ifade edince, celseyi sonlandırmıştım.

Kur'an'da zaten reenkarnasyon inancı olmayıp sprituâlist dernekler bazı ayetleri kendilerine göre yorumlarlar. Reenkarnasyona inananlar yok olup gitme endişesi taşıdıkları için iki ayeti delil olarak öne sürerler:

"Rabbimiz, bizi iki kere öldürdün ve iki kere dirilttin; biz de günahlarımızı itiraf ettik. Şimdi çıkış için bir yol var mı?" (Mümin Suresi/11)

"Ölü iken sizi o diriltti; sonra sizi yine öldürecek, yine diriltecektir ve sonra O'na döndürüleceksiniz." (Bakara Suresi/28)

Mu'minun Suresi 100. ayet meali;

"Belki yapmadan bıraktığımı tamamlar ve sâlih amel işlerim." Hayır, bu söylediği sadece kendi lafıdır. Tekrar diriltilip kaldırılacakları güne kadar, önlerinde geriye dönmekten onları alıkoyan bir berzah vardır."

"Belki ben, terkettiğim doğru işleri yaparım. Asla, o sadece söyleyenin bir sözüdür. Onların arkalarında yeniden diriltilecekleri güne kadar bir engel vardır." (Mu'minun Suresi; 23/100)

Yaşanmış Cin Vakaları

Bu olaylar Eskişehir'de geçmiştir.

Cihat Bey

Bir arkadaşım vasıtasıyla Cihat adında bir kişiyle tanıştım; bir akşam kenar mahallede tek katlı bahçeli evlerine misafir oldum. Çay ve sohbet devam ederken, küçük kız torununa yaşadıkları olayı sorduğumda anlatmaya başladı:

"Bir akşam birkaç varlık rüyama geldi. Bu evden çıkın sizi öldüreceğiz dedi. Sonra sürekli onları görmeye başladım." Sonra dedesi de görmeye başlamış. O da anlattı: "Bir gün namaz kılarken, seccadenin önüne doluştular, 10 cm boyunda küçük varlıklardı. Bana namaz kıldırmadılar, evin perdelerine asılıp sallanıyorlardı. Dua okuyamıyordum. Korkumu gidermek için radyodan bir şarkı açtım. Begenmediler 'Şarkı mı bu!' deyip değiştirmemi istediler, oyun havası çalınca kendilerinden bir dansöz getirip odanın ortasında oynatmaya başladılar sonra da kaldırıp camdan dışarı attılar."

Kendilerine büyü yapıldığından şüpheleniyorlardı. Kız torunu hipnoza sokup, kızın ağzından bu aileye niçin musallat olduklarını cinlere sordum. "Bu aileye büyü yapıldığını, o yüzden bu evden ayrılamadıklarını" söylediler. Küçük kız transta medyumsal özellik kazanınca, evde muska olup olmadığını sordum ve yerini tarif etmesini söyledim. Uyur gezer gibi küçük kız önde, biz arkada elimizde fener, tavan arasına çıktık. Çatı kirişinde bez bir torba ve isle karartılmış bir güvercin yumurtası bulduk. Torbayı tutan kilitli iğneyi açınca, torbanın içinden nisadir taneleri çıktı. Çıra isi ile karartılmış güvercin yumurtası zamanla boşalmıştı. İlginç bir olay olarak, torba ile yumurtayı bir masa üzerine ayrı koyduğumda, mıknatıslanmış gibi yumurta yuvarlanarak torbanın yanına geliyordu. Ertesi gün bulunanları bir akarsuya attılar. O akşam torununa yaptığım telkinle bu varlıkların zihinsel irtibatları kesildi. Torun "keske daha önce yapsaymışız" deyip rahatladı. Şimdi büyüdü, evli bir hanım oldu. Aynı akşam dedesini de bu etkiden uzaklaştırdım. Bu seanstan medyumumla gece vakti eve yürüyerek dönerken. cadde kenarında bir çöp konteynırından birçok kedi fırlayıp etrafımızı çember şeklinde sardı. Şaşırıp kalmıştık. Belli ki çevremizde bizim göremediğimiz varlıkları görüyorlardı.

Osman Bey

Bu vaka da çok ilginçtir. Yine bir arkadaşın daveti ile Osman adındaki arkadaşın evine misafir olduk. Çay ikramı ve sohbet sırasında bana, aile geçimsizliği yanında kendisine bir varlığın musallat olduğunu birçok şehirde gitmedikleri hoca kalmadığını anlattı. Gece uykudan kaldırılıp acayip hareketler ve marşlar söylettiklerini; kendisinin büyük bir şeyh olduğuna inandırmaya çalıştıklarını, kapı eşiğinde domuz yağı ve içtikleri suda muska bulduklarını anlattı. İşyerindeki arkadaşları da, bu varlığın etkisine girdiği zaman Osman'ın titrediğini ve ses tonunun değiştiğini söylediler. Bu arkadaşın evine, medyumumla birlikte birkaç defa misafir olduk. Her seferinde tütsülerle filmlerden gördüğüm şeytan çıkarma törenleri düzenledim ancak bu yöntemin sadece film hikayesi olduğunu ve hiçbir faydası olmadığını gördüm. Sonunda Osman'ı hipnoza sokarak bu varlıkla konuşmaya karar verdim. Bu aileye niçin musallat olduğunu sordum. O da büyü yapıldığı için ayrılamadığını, 1000 yaşında bir kadın olduğunu ve ismini söyledi. Normal sohbette dahi etkisi fark ediliyordu. Bu varlığa çirkin ve yaşlı bir kadın olduğunu söylediğimde Osman'ın ses tonu değişiyor, büyük titremelerle kendisini koltuğa atıyordu. Sonra hitap şeklimi değiştirip, genç ve güzel bir hanım olduğu söylediğimde ise normal sakin hale dönüyordu.

Hipnoz ve telkin yöntemini birkaç defa uyguladıktan sonra etki kesildi. Abdestli gezmeye başlayınca da bir daha bu olay tekrarlanmadı. Abdestli gezmenin pek çok faydasından söz edilir. Muhyiddin-i Arabi'ye göre abdestli gezene şeytan yanaşamaz, Derman Hoca da "Abdestli gezeni, yıldırım çarpmaz." der.

Ailesi şizofren olunca ve Osman'a zarar vermeye başlayınca ayrı yaşamak zorunda kaldılar. Hanımı hasta olduğunu kabul etmeyince ve saldırganlaşınca ona yardımcı olamadım Son zamanlarda dostluğumuza nazar değdi. Osman'la çok güzel bir dostluğumuz olduğunu düşünüyordum ama son zamanlarda birkaç aydır tutarsız davranışlar göstermeye başladı. Yersiz öfke davranışları ve beni eşime kötülemeler gibi! Sanki içindeki şeytan yeniden uyanmıştı. Osman bizden uzaklaştığı için çözüm bulamadım. Allah yardımcısı olsun...

Tepebaşındaki Aile

Bir gün medyumumla birlikte bir arkadaşın vasıtası ile bir ailenin evine davet edildim. Evde ana oğul yaşıyorlardı. Biz salonda koltukta, oğlu ise yerde, sohbete katılmadan sessizce oturuyordu. Sonradan oğlu salondan ayrıldı. Çaylar içilirken kadına sordum bu olay nasıl başladı diye. Anlatmaya başladı:

"Ev hanımıyım. Evden pek çıkmam, kitap okuyarak vakit geçiririm. Bir gün kitap okurken salonda karşımda üst yarısı görünen bir insan belirdi. Hem şaşırmış hem de korkmuştum. Bildiğim duaları okumaya başlayınca görüntü kaybolurken bir cesaret geldi ve arkasından söylendim. 'Erkeksen ete, kemiğe bürün de gel' dedim. Birkaç gün sonra 20li yaşlardaki oğlum garip davranmaya başladı. Beni dövüyordu. Mutfağa kaçtım. Kapıyı kırıp dövmeye devam etti. Namaz kıldırmıyordu. Elimdeki Kur'an-ı Kerim'i alıp erişemiyeceğim yüksek yerlere koyuyordu. Günlerce bu durum devam etti. Bu durumla başedemeyince İstanbul Bakırköy Hastanesine yatırmaya karar verdim. Birlikte yola çıktık. İstanbul'a varınca hastaneye yatırıp eve döndüm. Bir de ne göreyim oğlum benden önce evdeydi. Meğerse o varlığın kendisi oğlumun görüntüsündeydi. Ve yine dayak yedim. Sonra oğlumu hastaneden eve getirdim."

Sonra oğlu ile konuştum, akıllıca konuşuyor, normal görünüyordu. Bu aile için uğraşırken etrafımdaki insanlar da bana olumsuz davranmaya başlamıştı. Bu çalışmaları sonlandırmaya karar verdim, bu aileye yardımcı olamadım.

Cinler kişiye doğrudan etki yapamıyorlarsa, etrafınızda şuuru zayıf, egoları yüksek insanları etkileyip üzerinize saldırtabiliyorlar. Bunlar aile bireyleri, arkadaşlar, okul ve iş çevresindeki insanlar ve amirler de olabiliyor. Neden bunlar böyle davranıyorlar diye şaşırıp kalıyorsunuz. Akılları cinliğe çalışıyor tabiri buradan geliyor olmalı.

ŞİZOFRENİK VAKALAR

GATA'da görev yapan Prof. Dr. M. Kemal Irmak ile yapılan röportajda şizofren hastalarının tedavisi hakkında konuşurken bir hastanın şu ifadesine yer vermiştir: "Hareketlerim ve duygularım başkaları tarafından yönlendiriliyor. Bu düşünceler bana ait değil, kafama başkaları tarafından konulan düşünceler." diyorlar.

Alternatif tedavi olarak, doktorların üfürükçülerle çalışmasının yararlı olacağını söylemiştir.

Ben de kendisi ile yaptığım yazışmada, tedavide üfürükçülerin değil, hipnozun yararlı olacağını ifade ettim. Sonra bazı hastalarını bana yönlendirince, kendisine, hipnoz yetkisinin doktorlara verildiğini ve bu yöntemi kullanan diş doktorları, cerrahi doktorları ve psikologlardan yararlanabileceğini yazmıştım.

Semptomların ortadan kalkmasında yine tıbbın hizmetinde hipnoz ve telkini kullanmak daha doğru olacaktır. Cinler insanların telkinlerle beynini etkiliyorsa, daha güçlü telkinlerle sürecin geri çevrilip bu varlıkların etkisinin kesildiğini gözlemlemişimdir.

HALVETHANE / ÇİLEHANE

Dünyadan soyutlanarak kapalı bir odada riyazet-oruç tutarak günde bir tas tuzsuz çorba ve zikir ile kırk gün geçirmek. Bu kırk güne "Erbain" denir. Her gün transa girmeye alışan zihin, daha farklı ruhsal güçlere kapı açar. İrade güçlenir, nefsin etkisi kalmaz. Kalmışsa, şeyh kırk gün daha erbaine sokar. Tasavvuf eğitiminde şeyhin önderliğinde yapılan uygulamalar neticesinde, manevi alemden izin çıkarsa, (ledün ilmi) tayyi ses, tayyi renk, tayyi koku, tayyi mekan ve tayyi zaman manevi görevliler tarafından öğretilir.

KOKU

Resulullah efendimizin teninin gül koktuğu anlatılır. Onun yolunu takip eden Allah dostu veliler de güzel kokmaktadır. Mana boyutunda Rahman esmasının koku şeklinde aksettiği ifade edilir. Umre ziyaretimde buna benzer güzel kokuları Resulullah efendimizinin türbesinde, Cenett'ül Baki mezarlığında, Kabe'de hacerül esved taşında, Hira mağarasında duymuştum.

Derman Hoca hakka göçtükten sonra, Eskişehir'de öğrencisi Süleyman amca ile tanışmıştım. Bir arkadaş ile ziyaretine gittik, mesaiden sonra bizi esnaf ve sanatkarlar odasının kapısında karşıladı. Oda tarif edilmez bir koku ile dolmuştu, Derman Hoca'nın kokusuydu. Merak edip sordum; "Derman Hoca'nın ruhaniyeti mi geldi?" "O da gelmiş olabilir ya da insanın kendi makamının kokusu olabilir." diye üstü kapalı bir cevap vermişti.

Allah dostunun eserinde yaşanmış bir hikaye geçer. Allah dostu Bozüyük'te hükümet tabibi iken bir rüya görür. İlçede kızı ile yasayan çok fakir Hüsnü ağa vardır. Rüyasında üzüm bağında kendini gören doktordan üzüm istemiştir. Uyanınca doktor bey ilçede üzüm araştırırken kış mevsiminde saklanan üzümlerden, eşek sırtında küfe içerisinde satan birinden alır. Hüsnü ağanın evine gider, üzümleri ikram eder. Hüsnü ağa "Üzüm istediğimi nereden bildin doktor bey oğlum?" der. Meğerse ikisi de aynı rüyayı görmüştür. Başka bir gün Hüsnü ağa hayatının son anlarında doktor beyden hüsnülü ayetlerden okumasını ister. Ayetler okunurken birden "Beni pencereye doğru kaldırın." der. Ağzından çıkan son söz "Niçin zahmet ettin ya Resulullah?"tır. O anda odanın içerisi yoğun bir gül kokusuyla dolmuştur.

Rüyada koku olmaz denir. Birçok kişi rüyasında peygamberi gördüğünü iddia eder. "Koku duydun mu?" diye sorulduğundaysa duymadıklarını söylerler. Rüya gören kişi peygamberin suretini tanımıyorsa nasıl emin olabilir?

O zaman rüya ile rüyet arasındaki farkı anlamak gerekir. Tasavvufta uyku ile uyanıklık arasında (yakaza) diye bir halden söz edilir. Gerçek bir irtibatsa koku o anda duyulur.

Eşimin babası boğaz kanserinden vefat etmiş. Morgda formal hidrat sürülerek ilaç kokusu içersinde bekletilirken, cenazeyi son bir defa tanıdıklar görsünler diye eve getirdiklerinde odanın içersini çok güzel bir çiçek kokusu sarmış.

NAMAZ

"Namaz müminin miracıdır." derler. Huşu ile, konsantrasyon ile kılınan namazı ifade eder bu. "Bir saatlik tefekkür, 1000 yıllık ibadetten üstündür." derken, ibadetlerin birbirinden üstün tarafları ele alınır, konsantrasyon ve trans hedeflenir.

Miraç her insana mahsustur. Resulullah efendimizden başka da ruhen bütün insanlar yapabilir. Hz. Ali kendisine saplanan bir okun acısını duymamak için namaza durmuş öyle konsantre olmuş ki oku unutmuştur.

Namazda dünyevi hiçbir şey düşünülmez. Çoğumuz yasak savar gibi ritüele, anlamını düşünmeden okuduğumuz ayetlere önem veriyor, aklımızdan bir sürü düşünce geçiriyoruz. Oysa ki dünyayı unutup, namazda transa geçebilen kişi gerçek namazı kılmış olur.

Bununla ilgili bir anlatılan hikaye vardır: Sırtında odunlarla camiye giren kalp gözü açık birisi bakmış ki herkesin sırtında bir yük var. Herhalde burada adet böyle diyerek sırtındaki odunlarla namaz kılmış. Namazdan sonra imam, neden yükü ile namaz kıldığını sormuş. O da herkesin sırtında yük olduğunu gördüğü için aynı şekilde namaz kıldığını söylemiş. İmam şaşırarak, "Nedir o yükler?" diye sorunca, o da kişilerin düşüncelerini saymış, kimisi evde çocuklarını, kimisi borçlarını, kimisi açık bıraktığı dükkanını düşünüyormuş.

TASAVVUF

Allah dostu ile tanışmaktır. Tasavvufun içinde olağanüstü haller ile ilgili sayısız hikayeler anlatılır. Yüzlerce menkıbelerden bir kısmını buraya aktarıyorum. Kimisi ilk elden, kimisi ikinci elden anlatılmıştır.

İlerleyen bölümlerde, bu konuları detaylandırırken özellikle Allah dostu Münir Derman Hocam'dan alıntılara yer vereceğim. Melek Hoca diye de bilinen Derman Hocam son dönemde yaşamış bir velidir. Kendisini hem dinî ilimler hem de dünyevî ilimler açısından son derece geliştirmiş bir şahsiyet olduğundan düşünce dünyası da aynı paraleldedir. Anlattığı konuları tıp, felsefe, psikoloji ilimleriyle alaka kurarak günümüz insanı için daha anlaşılır kılmaktadır. Manevî meseleleri fen ve diğer ilimlerle açıklayan Derman Hoca; bir din âliminin bütün fen ilimlerini bilmesi gerektiğini söylerdi. İbadetin ise, bazı alışkanlıkları terk etmek olduğunu ifade etmişti.

Bir menkıbesinde Bozüyük'te kırklar ile karşılaştığında "Bana öğrettiklerini değil, anlattıklarını anlatacağım." demiş. Demek ki, tasavvuf insanın sadece kendi çabası ile elde edilmeyip, mana aleminden öğretiliyor ve yetki veriliyor...

RİCAL-İ GAYB: TASAVVUFTA KIRKLAR SİSTEMİ

İsa Peygamperin 12 havarisi olduğu gibi, Resulullah zamanında da 12 kişiden manevi bir topluluk oluşmuş, bunlardan bir tanesi Resulullah zamanında vefat edince 11'ler olarak devam etmiştir. Resulullah'tan sonra Allah dostları veliler 40'lar sistemine dahil olmuşlardır. Bunlara manevi güç ve yetkiler verilmiştir. Başlarına kutup, gavs başkanlık eder. İlk 3 kişinin içersinde bulunurlar, sonrasında 4 ler vardır. Sırası ile 7'ler, 40'lar 300'ler bu manevi topluluğu oluşturur. Hepsinin farklı görevleri vardır. Tayyi mekan (mekan değiştirme, farklı mekanlara ışınlanma), tayyi zaman (zaman değiştirme, zamanda yolculuk), telepati, doğa kuvvetlerine hükmetme, afetleri Allah'ın izni ile önleme yetkileri vardır. Bu manevi görevlilere Rical-i Gayb da denir.

TRANSANDANTAL MEDİTASYON

1980'li yıllarda üniversitede öğrenci iken, bir gevşeme rahatlama tekniği olarak ifade edilen transandantal meditasyon ve Ananda Marga Yoga ile tanıştım. İkisi yöntem olarak birbirinden farklı değildi. Bu zihnin durağanlığına yol açan meditasyondan konsatrasyona ve transa giden zihinsel bir teknikti. Ruhsal rahatlama olarak ifade edilen bu ekol, bir süre sonra gönül gözü açıldığında cinleri görmeye başlıyor ve obsesyon yani zihinsel dengeyi bozma tehlikesini içersinde barındırıyordu. İslam tasavufunda bunun karşılığı sessiz zikirdir. Zikrin safhaları içersinde rabıta, murakabe vardır. Transın karşılığı ise cezbe, vecd halleri olup, onun da içinde obsesyon tehlikesi bulunur. Nitekim tarikat öğrenci yurdunda, ibadet ehli bir öğrencinin evin mutfağında uğrama olduğunu duymuştum.

Bir yaz günü herkes kısa kollu kıyafetlerle gezerken aşırı meditasyon uygulayan sevdiğim bir arkadaşım okula yaz mevsimi kalın bir palto ile gelmişti. Saçlarını oradan buradan makasla kırpmıştı. Haline anlam verememiş ve üzülmüştüm.

Ona sorduğumda, saatlerce banyoda küvet içersinde oturduğundan; okulun ormanlık bölümünde yalnız dolaştığından ve uzaylı arkadaşları olduğundan söz edince, obsesyon olduğuna kanaat getirdim. Ailesine haber verdim. Meditasyon derneği çare bulamadı. Sihirbaz Sinbad, uğrama olduğunu söyledi ama tedavi edemedi. Sonra ailesi onu İstanbul Bakırköy Hastanesine yatırdıktan aylar sonra tedavi olabildi. Ama okul hayatı bitmişti.

BEYTİ DOST

İstanbul'da askerlik görevim sırasında yaptığım araştırmalarda, Beyoğlu'nda spiritüel seanslar yapan bir grubun varlığını öğrendim. Mardinli Süryani yaşlı bir rahip medyumluğunda, Beyoğlu'nun arka sokaklarında çok katlı ahşap tarihi bir binada perşembe akşamları toplanıyorlardı. Bu medyum aynı zamanda kapalıçarşıda kuyumcu tamir dükkanı çalıştırıyordu. Özünde iyi bir insandı, hasta insanlara gelen manevi varlıklar vasıtası ile şifa veriyordu. Karanlık loş bir salonun tabanına yayılmış beyaz bir çarşaf üzerinde insanlar halka şeklinde, dizleri üzerine sıralanıp elele tutuşuyorlar, Türk musikisinden bir parça söylüyorlardı. Bu şarkı dün gibi aklımda; "Güller açmış yanağında, bahar kokar ah nefesin." Salonun ortasında Süryani rahip diz çökmüş, gözleri kapalı bir vaziyette dururken, derin bir iç çekerek transa ve gelen varlıkların etkisine girer. Gelen Beyti Dost isimli varlık onun ağzından konuşmaya başlar.

(Anguish filminde Hindistan'da bir kadının benzer şekilde etki altına girdiğini ve onun ağzından güya ziyaretçilerin ölmüş yakınları ile konuştukları anlatılır.)

Bacakları birbirine dolanmış bir kız çocuğunu salonun ortasına getirdiler. Süryani rahip bir şişeden kutsal olduğunu iddia ettigi sudan avucuna dokup elleri ile kızın bacaklarına sürerken bir şeyler mırıldanıyordu. Uzaylı melek doktorların geldiğini söylüyordu. Derken kızın bacakları çözüldü ve normale döndü. Başka bir seansta bronşit olmuş ve çok kötü öksürüyordum. Halka olmuş insanlar şuursuzca birbirine dokunmaya başladı. Karanlıkta bir bayanın elleri ile başımın sağına ve iki omuz arasına dokunduğunu hissettim. Bir süre sonra öksürüğümün geçtiğini fark ettim. Seans aralarında yan salonda çay ve pasta ikramı yapılırken herkes birbiri ile tanışma fırsatı buluyordu. Her meslekten insan vardı.

Araştırdığımda tüm iyi niyete rağmen, Beyti Dost'un bu gruba verdiği bilgiye göre, reenkarnasyon inancını empoze etmekte, kendisinin Yahya peygamber olduğuna inandırmakta olduğunu gördüm.

Şifa seanslarında ise, muhtemelen insanın kendinde bulunan ruh gücünü yönlendiriyorlardı.

Rusya'da Ruh-bio enerji alanını gösteren kirlian fotoğraf sistemini bulmuşlardı. Yine sosyal medyada (Youtube) Çin'de, Japonya'da ruh gücünü gösteren elle şifa, elle kağıt tutuşturan insanları görebilirsiniz. (qoigong, chi enerjisi)

Daha birçok spiritüel derneklerde yapılan çalışmaları, tarikatlardaki zikir törenlerini izleme fırsatı buldum.

BAYKUR BİLGİN

Baykur bey ile tanışmam üniversite yıllarıma rastlar. Kızı ile aynı sınıftaydık. Okul çıkışı birlikte onun evine kadar refakat ederdik. Sağ sol çatışma ortamında birbirimize güven verirdik. Bir gün evlerine davet edildim. Baykur ağabey emekli bir meslektaşım idi. Kendisi tasavvufi araştırmalar ve uygulamalar yapardı, hanımı ile birlikte yıllardır spritüel seanslar yapıyordu. Hanımı medyum olarak uyutup, gelen varlıklarla operatör olarak irtibatı sağlıyordu. Birçok ziyaretçisi vardı. Alparslan Türkeş devamlı gelenler arasındaydı. Herkes ölmüş bir yakını ile görüşüyordu. Seanstan duygulu ve gözyaşları içinde çıkıyorlardı. Seansta hanım uyutulduktan sonra, başına ve yüzüne bir örtü örtülüyor, gelen ziyaretçi karanlıkta karşısına oturuyordu. Medyum farklı bir ses tonu ile gelen ziyaretçiye adı ile hitap ederken, ziyaretçinin ölmüş bir yakınının geldiğini söylüyor, ölen kişinin kişiliğinde hayatta iken kimsenin bilmediği sırları anlatınca, ziyaretçi duygusallaşıyor ve ikna olmuş bir vaziyette seanstan ayrılıyordu.

Bu konuyu tasavvuf ile kıyasladığımda, bu ruhsal davetlerin aynı tarz yapıldığını gördüm. Nasıl ki hayatta iken Atatürk, Mevlana vb. büyük bir şahsiyeti ayağınıza çağıramazsınız, öldükten sonra da Allah'ın emrinden olan ruhu ve ruhların dünyaya dönmelerine berzah adlı bir engelin bulunduğu ifade edilirken çağırmanız mümkün müydü?

Ruh ALLAH'IN emrinde ise bu, ancak tasavvufta o ruhsal şahısların isteği üzerine Allah, Peygamber ve manevi görevlilerin dileği ile yetişmiş Allah dostlarına mahsus bir hal olarak ifade edilir.

Sonuçta her bilgi kaynağı olumlu ve olumsuz yönleri ile benim için değerliydi.

Baykur Bilgin ve hanımı

SİHİRBAZ SİNBAD

1980'li yıllarda Ankara gençlik parkında gezerken yolum Sihirbaz Sinbad'ın gösteri salonuna düştü. Duvardaki reklam panosundaki telepati, kayıp bulma konusu ilgimi çekmişti. Eşi ile birlikte gösteri yapıyorlardı. Gösteri arasında kulise geçerek kendisi ile tanışmak istediğimi, mistik konulara ilgi duyduğumu ve öğrenmek istediğimi söyledim. O da "Sahne oyunlarını öğrenmek istersen ücretli, zihin gücü ile ilgili konuları öğrenmek istersen ücretsiz öğretirim." dedi. O günden sonra aramızda dostluk başladı. Ankara Karşıyaka semtindeki evine davet etti yılbaşı akşamı. Üç küçük kızı vardı, gurbette bir öğrenci olarak sıcak bir aile ortamında olmak beni çok mutlu etmişti. Birlikte yemek yedik. Bir ara "Gözlerime bak." dedi. Gözlerinden gözlerime bir enerji şuası çarptı. Gözlerimi kaçırmak zorunda kaldım. Sonradan bu tekniği ve konsantrasyon çalışmalarını örneklerle öğretti. 3. göz- şiva denilen bir çalışmasıydı. Sonra bu tekniği hipnoz çalışmalarımda çok kullandım.

Telepati ve kayıp bulma, yıldızname konuları hüddam ilmine dayanıyordu. Aşağı Ayrancı'da bir fotoğraf stüdyosu vardı. Oraya bazen müşteriler, bakım yaptırmak için gelirdi. Müşterinin ad ve soyadını bir kağıda yazdırır, kağıdı katlar ve yakıp kül haline getirir, bir bardak suya karıştırırdı. Küllü suya konsantre olduğunda, müşterinin adını soyadını, nereden geldiğini, ne maksatla geldiğini söyler, insanları şaşırtırdı. Bu sayede kayıp eşyaları bulur, büyü yapılmışsa evde nerelerde muska saklanmış olduğunu söylerdi.

Bir dönem Adnan Menderes'le çalıştığını, hükümet yöneticilerinin kehanete düşkün olduklarını söylemişti, padişahlar döneminde müneccimler olduğu gibi!

Hüddam ilmindeki okunacak ayetleri öğretti ama ilgimi çekmediği için uygulamadım. Aynı zamanda Kadiri tarikatından ders almıştı. Kadirilerin vücutlarına nasıl şiş sapladığını merak ettiğimi söylediğimde, bir gün bana şiş yaptırttı. Dükkana götürdüğümde "yapmayın hocam" dememe fırsat kalmadan çene altı derisine şişi sapladı. Diğer taraftan çıkardı. Hiç kan akmamıştı ve canı yanıyor gözükmüyordu. Tabi ben buna hiçbir zaman cesaret edemedim. Gösteri bana gereksiz gelmişti.

Onu Münir Derman Hocamla tanıştırmaya karar verdim. O yıllarda Derman Hoca bir gözünden rahatsızdı. Belki Sinbad'ın bir faydası olur diye düşünmüştüm. O da fotokopiden bir muska verince ipler koptu. Ertesi gün Derman Hoca "Senin hatırın olmasaydı onu kovardım. Hiç fotokopiden muska mı olurmuş!" dedi. Derman Hoca'nın bana hatır duymasından onur duymuştum. İlginçtir ki, son demlerinde Sinbad da Derman Hoca'ya bağlı kaldı.

Yıllar sonra Ankara teftiş kurulunda çalışan nişanlımı ziyaretlerimden biriydi. O işyerinde iken izin isteyip Ankara'da gezmeye çıkmıştım. Sinbad'ın oturduğu semte gittiğimde o mahalleden taşındığını öğrendim. Ankara Ulus Hacıbayram semtinde dini kitap satan kitapçıları gezmek istedim. Kitapçılardan Derman Hoca'nın yeni kitapları çıkmış mı diye sorarken, bir kitapçıda sandalyede oturan bey "yok" diye cevap verdi. O beye dikkatli bakınca Sinbad olduğunu fark ettim. Hemen kendimi tanıttım, elini öptüm ve hal hatır sordum. Sohbet ettik. Ayrılmadan telefon ve adresini aldım, Allah onunla tekrar karşılaşmamı nasip etmişti. O akşam da evine ziyarete gittik. Son görüşmemiz olmuştu. Birkaç sene sonra da vefat ettiğini öğrendim.

Ortada olan Sihirbaz Sinbad

BEHÇET ÖCAL

1980'li yıllarda Baykur ağabey ve Dr. Mevlüt bey ile birlikte Ankara Dedeman Oteli'nde bir metafizik toplantısına katılmıştık. Toplantının başlarında, UFOlarla görüştüğünü, kendisine kainatın haritasının çizdirildiğini iddia eden, Niğde Eski Gümüşler kasabasından Behçet Öcal diye bir vatandaşı tanıttılar. O yıllarda Türkiye'de o bölgelerde birçok uçandaire haberleri yapılıyordu. Kendisine kainatin haritası çizdirildiğini ve uzaylılarla nasıl görüştüğünü anlatması ilgimi çekmişti. Toplantıdan sonra kendisini Sinbad'ın evine davet ettik. O akşam yemek yendi, sohbet edildi. Anlattığı olay, tasavvuftaki gibi otuz günlük inziva ve oruç ile gerçekleşiyordu. Tekrar arabamızla kendisini oteline bırakıp ayrıldık. Ertesi gün Sinbad'ı ziyarete gittiğimizde izlenimlerini sorduğumuzda, o şahsın cinlere karıştığını ve kendisini de rahatsız ettiklerini söyledi.

1948 yılında bir gün, 15 yaşındaki genç bir çoban olan Behçet Öcal, koyunlarıyla birlikte Niğde'nin Eski Gümüş kasabasından yola çıkmış ve yüksekçe bir düzlükte mola vermiş. Çıkınındaki yemeğini henüz yemiş ki, az ilerisindeki taş yığıntısının üzerine bir ışık kümesinin indiğini görmüş: "Ürperen bütün vücuduma binlerce toplu iğne batıyordu sanki. Top mermisini andırır parlak bir ışıktı... İçinden, biri kadın ikisi erkek üç kişi çıktı. Bana bir şey yapmayacaklarını, başka dünyalardan geldiklerini söylediler; neresi olduğunu açıklamadılar. Bana sık sık görüneceklerini ve resimler göndereceklerini söyleyerek, geldikleri gibi gittiler." Öcal'a göre, o günden itibaren, uzaylılar, tam 29 yıl süresince kendisiyle teması sürdürmüşler ve kendisini birçok konuda aydınlatarak, çeşitli haritalar ve resimler çizdirmişler.

Öcal, elinde bulunan ilginç bir Kosmos Haritasıyla ilgili olarak, şöyle diyordu: "Bu haritada, göremediğiniz, ışık ve renk ayrımı yapabilen bir cihazın altına tutulduğunda görülebilecek dünyalar da çizilmiştir. Haritada da belirttiğim üzere, Kainatın Merkezi, Kür'dur. Kür Merkezinin patlamasıyla, Kainat oluşmuştur. Bizim Güneş Sistemimiz'in yanısıra, öteki sistemlerin adları, Morihon, Hulviz, Cemhon, Lev, Morsanit, Lakit ve Ars'ti." Öcal bu harita üzerinde Güneş Sistemimizi 5 cm. çapında bir dairenin içine sığdırmıştır - bu dahi, eğitim görmemiş bir çoban için şaşırtıcı bir başarıdır. Öcal, elinde, görmüş olduğu Ufonun eskiziyle birlikte daha başka çizimleri ve ayrıca uzaylıların kendisine açıklamış olduğu enformasyonu içeren bir kitabın bulunduğunu ve bunu, incelemek üzere bilim adamlarına teslim etmeye hazır olduğunu belirtmişti.

Derman Hoca'ya "Güneş Sistemimizde hayat var mıdır?" sorusunu yönelttiğimde, "Gezegenlerde hayat yoktur, hayat olması için su ve hava şarttır. Her şey sudan yaratılmıştır. Ay'da hayat olsaydı Resulullah efendimiz Ay'ı parmağı ile ikiye bölmezdi."; uçan daire hakkında soru sorduğumda ise, "O bir İsrail ve Alman projesidir." demişti.

Gerçekten araştırıldığında Almanların Vril adını verdikleri UFO çalışmaları açıkça görülecektir.

LADİKLİ AHMET AĞA

1888-1969 yıllarında yaşamış, 26 yıl askerlik yapmış, yıllarca cephede kalmış üstada, "Gazilik" şerefini bahşeden kader, bu defa onu meşhur Kanal harekâtında Filistin'in mahzun Gazze civarına sevk etmiştir. Üstadın da aralarında bulunduğu birlik, kahpe İngiliz'in pususuna düşer ve yiğitlerimizin hemen hepsi şehit olur.

Üstad Ahmet Ağa, çok az kalan yaralıların arasındadır. Ne kalkmaya, ne de üç günlük mesafedeki karargâha ulaşmaya hâli vardır. Sabahın serinliğinde azıcık gözü açılır. Sonrasını dostlarına hep şöyle anlatırdı:

"Valla gardaşım, yattığım yerde Şehadet şerbetini içmeyi beklerken, karşıdan beyaz bir atın üzerinde bir zat çıkageldi. Bana; 'Ahmed ne oldu, yaralandın mı?' diyerek atından inip matarasından ab-ı hayat misali bir su verdi. Verdiği bir parça ekmeği orada bulunan aç bir köpek ile paylaştım. Beni yerimden kaldırıp yaramı tedavi etti, sonra arkasına bindirip karargâha kadar getirdi. 'Askerler sana inanmayabilirler, nöbetçi subayına hadiseyi anlat ve selamımı söyle. Memlekete döndüğün zaman bazı değişik hâllerle karşılaşacaksın, endişelenme, beni bekle.' dedi. 'Bundan sonra hep karşılaşacağız.' diye de ekledi."

Kendisinin Hızır olduğunu belirtmiş ve bundan sonra ona öğretmenlik yapacağını ifade etmiş. Karargahın hastanesine getirdiklerinde 'bu asker ne güzel kokuyor' diyerek şaşkınlıklarını ifade etmişler.

UYKUSUZ MUSTAFA

Uykusuz Mustafa, Konya'da yaşamış başka bir Hak dostudur. Onun da anlattığı yaşanmış hikayeler ilginçtir. Bedeni gül gibi kokmaktadır. 23 sene riyazat ve ibadet sonunda, melekler ona erdiğini ve kabul ettiklerini söylemişler. Başka alemleri ziyaret konusunda, Kur'an'da 18 bin alemden söz edildiği gözününe alınırsa, o alemlerin ve cennetin madde alemine benzediğini söyler, o alemlerin birinde 21 gün misafir kaldığını oradaki yaşantının evlerin basit olduğunu, camilerinde minare olmadığını, çobanlık yaptıklarını, ağızlarından zikir eksik olmadığını anlatmış.

Allah dostlarının Derman Hoca'da olduğu gibi başka alemlere gidebildikleri anlaşılıyor. Cennetin ve diğer alemlerin madde oluşuna, Derman Hoca'nın "Dünyada görülen tek cennet gıdası Sudur." sözü ispat olabilir.

Güzel bir kokusu vardı

Mehmet Bey onu ilk ziyaretini şöyle anlattı: "90'lı yıllarda ilahiyatta okuyan bir arkadaşımla Konya'ya Uykusuz Mustafa Efendi'yi ziyaret etmeye gittik. Yolda giderken arkadaşımla fizik ötesi şeylerden konuşuyorduk; başka âlemlerde ne var ne yok diye düşünüyor, bu konuyu müzakere ediyorduk. O zatın evine gittik. Böyle klasik bir Anadolu köy eviydi... Elinde bir Kur'an mushafı vardı. Çok güzel de bir kokusu vardı. Ben böyle güzel bir koku daha önce koklamamıştım."

Kainat dünyadan ibaret değil

Uykusuz Mustafa Efendi evlerine gelen Mehmet Helvacıoğlu Bey ve arkadaşının yolda konuştuğu meselelerle ilgili daha onlar bir şey sormadan cevaplar vermiş. Başka âlemlerle ilgili sözler sarf etmiş. Uykusuz Mustafa Efendi demiş ki: "Ben bir âleme çıktım, orada yirmi bir gün kaldım. Patik gibi bir ayakkabı giyiyorlar, çobanlık yapıyorlar, evleri gösterişli değil basit, camilerinde minareleri yok, merdiven gibi yüksek bir yerden ezan okunuyor, camiden çıkıyorlar ağızlarında hep Allah muhabbeti... Yirmi bir gün orada misafir kaldım ama kadınlarını görmedim. Evladım biz onların ekmeğini yiyoruz. Kâinat dünyadan ibaret değil..."

Cenneti görmüş, huriyle konuşmuş

Uykusuz Mustafa Efendi, Mehmet Bey ve arkadaşına cenneti de gördüğünü söylemiş. Orada bir huri gördüğünü, ona "ne yapıyorsun" diye sorduğunu, hurinin de, "Dünyadan gelecek olan beyime çeyiz hazırlıyorum." dediğini anlatmış. İnsanların cenneti böyle bir rüya gibi, bir hayal gibi sandıklarını ama oranın da dünya gibi gerçek bir yer olduğunu söylemiş.

Bunu anlatırken Mehmet Bey şöyle bir ilavede bulunuyor: "İnsanlar cennet-cehennem denilince soyut bir şey olarak düşünüyorlar. Halbuki orası da bu âlem gibi bir âlem, ama biz gidip gelmediğimiz için bilmiyoruz." Cennet konusunda bir de şöyle demiş Uykusuz Mustafa Efendi: "Cennette kıskançlık yok fakat gıpta var. Kendinden üstün birinin makamını gördüğünüz zaman 'keşke ben de dünyada çalışsaymışım' diyeceksiniz."

Yedilerin reisi İskenderiye'de

Uykusuz Mustafa Efendi, Mehmet Bey'e tasavvuftaki yedilerden de bahsetmiş. "Yedilerin reisini gördüm İskenderiye'de, bir yırtma tahta üzerinde yatıyordu" demiş. Bir de; "Bir genç var, görev bekliyor." demiş. Mehmet Bey'in ifadesine göre bu zat Mehdi aleyhisselam olabilirmiş. Belki de velilerden birisidir. Bu zat bir de; "Ne Rusya kalacak ne Amerika kalacak. Hepsi dümdüz olacak" demiş.

YAHYALI İPEK HOCA

Asıl adı, Hasan Türkmenoğlu olup çok mütevazi ve yumuşak huylu olduğundan halk arasında "İpek Hoca" lakabıyla ün kazanmıştır. 1926 yılında Kayseri'nin Yahyalı mahallesinde dünyaya gelmiştir. İpek Hoca'nın üçler, yediler ve kırklarla ilgili yazdığı "Gayp Erenleri" adlı kitabı vardır.

Allah dostunun manevi güçleri ile ilgili olarak şu yaşanmış hikaye anlatılır: Yahyalı İpek Hoca Almanya dönüşü yaşlılığında yeğeninde kalırken, yeğeninin anlattığı hikaye de ilginçtir. Bizde kaldığı süre içerisinde, evimizin alışverişlerini yapmak için, evin karşısındaki markete gidiyordu. Bir gün, karşımızdaki market görevlisi bana: 'Sizin misafiriniz olan o ihtiyar kimdi?' diye sorduktan sonra şunları anlattı: 'O amcaya sırtımda yıllardır bir ağrı var bir türlü geçmek bilmiyor demiştim. Bundan bir gün sonra sabah namazı vaktinde, bir rüya gördüm. Rüyamda o amca geldi, sırtımı eliyle ovaladı ve sonra uyandım. Uykudan kalktığımda, sabah ezanı okunuyordu. O günden beri sırtım hiç ağrımadı.' demiş.

KARAGÜMRÜKLÜ DELİ ve TOPAL KÖPEK, ŞEYH MOLLA HÜSREV

Nevşehir'den İstanbul'a medreseye tahsil yapmak üzere Hüsrev adında bir öğrenci gelir. Yedi senede okul bitiremeyince, okulu bitirip göreve başlamış arkadaşları biraz da alaylı bir şekilde "Hüsrev artık okulu bırak, Nevşehir'de çiftçilik yap." derler.

O dönemde Karagümrük'te aç köpekleri doyuran, çıplak gezen, güçlü kuvvetli bir deli vardır. Fırından ekmek alarak, aç köpekleri doyurur. Bir arkadaşı onunla dalga geçmek için, "o delinin elini öp, hayır duasını al" der. Hüsrev saf, her şeye inanan temiz bir Anadolu çocuğudur.

Molla Hüsrev deliyi bulur, deli onun elinden tutar, birlikte koşmaya başlarlar. Sonra ona fırından ekmek aldırır, yine koşmaya başlarlar, sonunda virane bir yerde topal bir köpek ve yavrularına elindeki ekmeği vermesini söyler, sonra köpeğin elini öp der. O da öper, sonra deli onu bırakır, yoluna git der. Molla Hüsrev sanki bir deliye uyduğuna pişman olmuş gibidir. Medreseye dönüp ertesi gün kalktığında, derste her soruya cevap verir. Hocası kürsüye onu davet eder: "Oğlum bu kürsü bundan sonra senin hakkındır. Bundan sonra sen bizim hocamızsın." der. O devrin en önemli şeyhülislamı olur.

HAÇKALI HOCA

Haçkalı Hoca, Trabzon'da Derman Hoca'nın birlikte manevi ders aldıkları Hafız Ömer İnan efendinin öğrencisidir. Onun da birçok tayyi mekan hikayeleri vardır.

Bir gün Derman Hoca ile İstanbul'da, Galata Köprüsünde karşılaşırlar, yanında ablası ve sırtındaki kafeste horozu vardır. O yıllarda Karadeniz dalgalı olup kolay bulunan bir tekne yoktur. Derman Hoca "Karayollarında yolcu otobüsü olsa bile gelmek çok uzun zaman alır." diye düşünürken Haçkalı söze girer: "Ablamın romatizmaları tuttu. Önce buraya geldik. Buradan da Bursa kaplıcalarına geçeceğiz." der. Derman Hoca onların tayyi mekanla geldiğini düşünür. O da der ki; "Endişelenme Münir. Bizi senden başka kimse bizi göremez." Vedalaşırlar.

Bir başka tayyi mekan hikayesinde; Haçkalı Hoca sabah namazından sonra Derman Hoca'nın annesi Şehvar Hatunu ziyarete gelmiş. Sohbet esnasında Şehvar Hatun Sinop'taki kardeşini özlediğini söyleyince, Haçkalı Hoca ona "Kardeşinizi getireyim de görüşün." demiş. Yarım saat sonra kardeşi ile gelmişler. "Kardeşimi nerede buldun?" diye sorulduğunda "Şehir dışında ormanda yürüyüşe çıkmıştı. Orada karşılaştık ve kendisini getirmemi kabul etti." diye cevaplamış. Bir saat sohbetten sonra, gitme vakti geldiğinin geldiğini söylemiş Haçkalı Hoca.

Yine bir ramazan akşamı Derman Hoca'nın hocası Ömer İnan Efendi susamış olacak ki, Haçkalı Hoca'ya bir bakraç verip Kaçkar Dağı zirvesinden kar getirmesini söyler. Haçkalı yarım saat sonra kar dolu bakraçla gelir. Hocası şöyle der; "Bu yaptığın işle övünme, biz istersek elimizi bir uzatırız, dağdan kar alırız." der. Yine Haçkalı'ya: "Haçkalı, Haçkalı Medine'de ikindi namazı kıldım, öğle namazını Mekke'de kıldım, Bursa'da cuma namazı kıldım diye övünme. Kuşlar da uçar havada, balıklar da yüzer denizde, asıl hüner nefisten Allah'a tay etmektir."

ŞEYH MANSUR IŞIDAN (Mezarında babası ile konuşan şeyh)

İstanbullu avukat Şeyh Mansur Işıdan hazretlerinin babası İstanbul'un tanınmış velilerindendir. Mansur Işıdan aynı zamanda Derman Hoca'nın yedek subay arkadaşıydı. Ele avuca sığmayan bir gençti. Babasının cenazesine son anda yetişmiş, kabirde babasının yüzünü son bir defa görmek için kefenin yüzünü açtığında, babası "Ülen buradada mı bizi rahat bırakmayacaksın!" diye konuşunca, "Allah" diyerek mezardan fırlamış. Bakırköy'de tedavi gördükten sonra kendisine gelmişti. Sonra kendisi de tanınmış velilerden oldu.

Derman Hoca ile bir gün Süleymaniye cami çıkışında karşılaşırlar. Yolda birlikte yürürlerken, Derman Hoca ona "Şu fırından ekmek al!" der. Fırından çıktığında Derman Hoca'yı bulamaz.

Derman Hoca yıllardır Almanya'dadır. Ankara'da tanıyanlara Derman Hoca'nın Almanya'dan dönüp dönmediğini sorar, cevap alamaz. Sonrasında Derman Hoca hakkında şunları söyler:

"Onu görenler yanaşamaz. Ömer İnan Efendi'nin ve Ebu Hureyre'nin bu asırda görünüşüdür. Bildikleri nereden gelir bilinmez. Bildikleri bir asır öğrenilmez. Maddi ve manevi ilimlerin hepsi ondadır. Ondan nasibi kadar ilim alanlara ne mutlu!"

ABDULHAKİM ARVASİ

Abdülhakim Arvasi'nin Kerameti

Abdülhakim Arvasi hazretleri "kuddise sirruh", büyük alim ve evliyadır. Herkesi affetmesiyle meşhurdur.

Bir gün sevenleri yanına gelip;

– Efendim, herkesi affediyorsunuz, dediler.

Cevaben;

– Evet öyle.

– Hikmeti ne efendim?

Buyurdu ki:

– Çünkü Allahu Teala affetmeyi seviyor. Siz de affedin!

Talebesinden biri ziyarete gelmişti bu zata. Bir müddet sohbet ettiler. Bir ara kütüphaneden Arapça bir kitabı çekip, rastgele açtı bir sayfayı. Sonra uzattı bu gence:

– Oku şu sayfayı!

Talebe;

– Peki hocam, dedi. Ve çat pat okumaya çalıştı o yeri.

O, yanlışlarını düzeltip, tekrar tekrar okuttu aynı yeri. Ta ki yanlışsız okuyuncaya kadar.

Sonra;

– Şimdi de tercüme et!

Genç başladı tercümeye. Ama yarım yamalak tabii. O yine yanlışlarını düzeltip tekrar okuttu aynı yeri.

Bir daha, bir daha... Öyle ki, hiç yanlışı kalmayıncaya kadar. Genç adeta ezberlemişti o sayfayı. İyi de, niye böyle yapmıştı acaba? Hiç anlayamadı.

Kendi kendine; "Elbet bir hikmeti vardır" diye düşündü. Aradan uzun yıllar geçti. Mübarek Hocası "kuddise sirruh", vefat etmişti

Bir gün "Kütüphane müdürlüğü" için imtihan açıldı o yörede. O da iş aradığı için imtihana girdi.

Şu sayfayı oku!

Hocalar, Arapça bir kitaptan, rastgele bir yer açıp, uzattılar ve;

– Şu sayfayı oku bakalım, dediler.

Sayfayı görünce donup kaldı. Çünkü yıllar önce mübarek hocasının tekrar tekrar okutup ezberlettiği o sayfaydı bu. Bir çırpıda okudu tabii. Hiç takılmadan. Hocalar takdir edip;

– Okuman çok güzel. Şimdi de tercüme et! dediler.

Takır takır yaptı tercümeyi de. Yine hiç takılmadan.

Birincilikle kazandı imtihanı. Evine gelince hüngür hüngür ağladı. Ve "Fatiha"lar gönderdi bu büyük zatın ruhuna.

MAMAKLI YAŞAR

Derman Hoca'nın hayatı boyunca birçok dost çevresi olmuştur. Bunlardan Mamaklı Yaşar beyin hikayesi ilginçtir.

Bir gün Mamaklı Yaşar, Mamak'ta işinde çalışırken, gözünün önüne bir görüntü gelir. Görüntüdeki şahıs der ki;

"Ben doktor Münir Derman. Eskişehir devlet hastanesindeyim. Gel beni bul." Yaşar bey o gün Eskişehir'e giden bir otobüse rastlar. Eskişehir'e geldiğinde devlet hastanesine gider.

Doktor Derman Hoca ile karşılaştığında ona "Hoşgeldin Yaşar oğlum." der.

Bu hikayenin arkasında manevi güçler ve kader vardır. Yaşar beyin annesi oğlu için "Bir Allah dostu ile karşılaşması için Allah'a dua etmiştir. Annelerin duasının kabul olduğuna, annelerin manevi değerinin ne yüce olduğuna güzel bir örnek olaydır bu.

Derman Hoca da "Yaşar beyi öğrenciliğe kabul etmem için bana manevi alemden görev verildi." der.

Bu olaydan da insanların başıboş bırakılmadığı, izlendiği sonucu da çıkıyor.

Çoğumuz bilimselliği ön planda tutarak, maneviyatı unutuyoruz ya da yeteri kadar önem vermiyoruz. Yaratıcının hoşnutluğunu kazanmakta merhametli, yardımsever olmanın önemi büyüktür. Bu kişilerin hayatı incelendiğinde hayatlarında hep merhamet ve iyilik ön planda olmuştur.

Yaşar beyin ailesi modern bir ailedir. Çocuklarını da mutaasıp şekilde yetiştirmemiştir, onlara insanî değerler kazandırmaya çalışmıştır.

Yaşar bey ile bir defa Derman Hoca'nın türbesinde karşılaştım. Güler yüzlü hoş bir insandı. Yaşar beyin manevi alem tarafından seçilen bir dost olarak, Derman Hoca'nın yanında farklı bir yeri vardı.

PROF. DR. MÜNİR DERMAN HOCA ve ÖĞRETİSİ

DERMAN HOCA'NIN HAYATI

1910 yılında Gümüşhane'nin Hedre köyünde doğdu. Beş yaşındayken babası Trabzon emniyet müdürlüğüne tayin olunca Trabzon'a taşındılar. Babası onu cami imamı Ömer İnan Efendi'ye ders alması için gönderdiğinde, minareden atılma olayını agabeyi ile birlikte yaşamıştı.

Ömer İnan Efendi büyük bir evliya olup, İstanbul ve Mekke'ye gitmiş, namazda vefat etmiştir. Derman Hoca'nın babası İstanbul emniyet müdürlüğüne tayin olduğunda, İstanbul işgal altında olduğu için onları götürmez. Bir İngiliz askeri Türk bayrağını çiğneyince babası askeri bir tokatta öldürür ve İmralı'ya sürülür. Orada şehit olur.

Rus savaş gemileri Trabzon'a top atmaya başlayınca Ömer İnan Efendi, Ayetel kürsü okuyup Rus gemilerine üfleyince toplar Trabzon'a zarar vermez. Rus işgali başlayınca Derman Hoca ve annesi Sehvar hatun Ankara'ya gelirler.

İlk ve ortaokulu Trabzon'da okuduktan sonra, 17 yaşında okul birincisi olduğundan devlet onu burslu olarak Fransa'da Sorbon Üniversitesi'ne gönderir. Fransa'dan dönünce, Ankara Dil Tarih ve Coğrafya bölümünde Fransızca dersler verir.

Fransa'da öğrenci iken, bir lokantanın önünde dururken, dükkan sahibi İstanbullu Ermeni olan zat onu himayesine alır.

Fransa'da odasına girdiğinde başları sarıklı sakallı iki zat görür. Zatlar duvarın içinde kaybolurken yere bir kağıt bırakırlar. O kağıtta şunlar yazmaktadır:

"Vesveseyi bırak... Ne kadar işin ve arzun, dileğin varsa hepsini kaza ve kadere teslim et...

Kendi nasıl isterse öyle iş gören Allah'a bırak...

ve bekle...

Telaşı terk et, ıstırabı üzüntüyü kaldır.

Murat yolu kendi kendine görünür, o yola düşersin...

Aç kal, kimseye söyleme dertlerini.

Yoksulluklarını, ıstıraplarını söz haline geçirme, melekler bile duymasın...

Derdin ne olursa Hakk ile konuş. O her şeye yeter...

Sefalete düşersen vakur ol, sabret.

Hakk'a bile ellerini istek için kaldırma, yalnız hamd için kaldır. Allah seni senden iyi bilir...

Hakk'da erimek dünyada budur."

Avrupa dönüşünde önce hocası Ömer İnan efendi onu halvete sokar. Sonra Ankara Dil Tarih Coğrafya fakültesinde psikoloji ve Fransızca derslerine girer. Kış mevsimi, sınıflarda kaloriferler yanmadığı için öğrencilere paltolarını giymelerini söyler. O esnada gelen müfettiş "Sınıfta palto ile oturulmaz. Paltolarını çıkarsınlar." deyince, Derman Hoca müfettişe kapıyı gösterir. Müfettiş "Beni kovuyor musun?" deyince bir judo hareketi ile müfettişi yere serer. Derman Hoca 7. Derece siyah kuşak judocudur. Ankara'yı terk ederek, aynı zamanda okuduğu İstanbul Tıp fakültesine döner. Zamanın Milli Eğitim Bakanı Hasan Ali Yücel telgrafla Derman Hoca'yı Ankara'ya çağırır. Ulus Karpıç lokantasında müfettiş ile barıştırır ve Dil Tarih Cografya fakültesindeki görevine geri döner. Tercüme bürosunda görev verir. Birçok değerli klasik eseri Türkçe'ye çevirir.

İstanbul Tıp Fakültesini bitirdikten sonra, Fransa'da Sorbon'dan arkadaşı olan Suudi Arabistan kralının oğlu prens sayesinde saray doktorları arasına girer. Aynı zamanda Mısır'da El Ezher Üniversitesi'ne dışarıdan devam eder ve mezun olur. Yurda dönmeden biriktirdiği paraları yoksullara dağıtır. Son kalan paradan bir yoksula verirken, arkadan biri omzuna dokunur hepsini ver deyince, kesesi ile verir.

Türkiye'ye döndükten sonra Ağrı'nın Eleskirt ilçesinde 2 yıl hükümet tabibi olarak görevlendirilir. Eleşkirti tanımak için çarsıda pazarda dolaşır. Bir kahveye girip oturur. Eleşkirtliler ilçeye gelen yeni doktoru birbirlerine gösterirler. Çay içerken karşı masada fakir uzun boylu, saçı sakalı birbirine karışmış birini görür. Garsona "Şu karşıdaki adama da benden bir çay ver." der. Garson "Aman doktor o adamla samimi olma, delinin biri. Vurdu mu yıkar." der. Bir başka gün mesai dönüşü o deli dedikleri adam hocanın karşısına gelir. İkisi burun buruna gelirler. Hoca deliye "Sen deli değilsin." deyince deli "Nereden bildin?" der. Hoca "Ben doktorum. deliyi gözlerinden tanırım." der. Deli "O zaman getir kulağını ağzıma." diye fısıldar. "Yer ehline göre deliyim. Gök ehline göre veliyim." Hoca ile kucaklaşırlar.

Derman Hoca Fransa'daki öğrencilik yıllarında Japonların Judo ve aikido okuluna devam edip siyah kuşak 7. Dan seviyesine yükselmişti. 62 yaşında iken, Eskişehir'de Devlet hastanesinde baş tabiplik yaptığı yıllarda 4. Dan Fransız hoca Michael Novoviç'in çalıştırdığı judo okulunda bütün öğrencileri judo tekniği ile, Fransız hocayı da Aikido tekniği ile yenmiştir. Bu olay Günaydın gazetesinde yayınlanmıştır.

Her türlü dünya nimetini redederek, son zamanlarını Ankara Ulucanlar Hanecioğlu otelinin bir odasında geçirmiştir. Son iki yıl akciğerlerinden hastalanmış, Ankara Keçiören Senatoryumunda kalmıştı. 2 Aralık 1989 günü vasiyeti üzerine hurdacılar sitesinden sonra Memluk köyünde toprağa verildi. Rüyasında gören bir inşaat işçisi rüyadaki tarif üzerine güzel bir merdivenli bahçe ve türbe yaptı. O da her insan gibi hastalanırdı; "Bizim duamız kendimize değil, başkasına fayda eder oğlum." derdi.

ANKARA'DA DERMAN HOCA'NIN ÇEVRESİ

Derman Hoca'nın Ankara Mamak, Samanpazarı, Hamamönü, Ulucanlar, Kızılay'da epey çevresi vardı. Hırdavatçı Muharrem bey, Basımevi sahibi Remzi Kasımcan, TRT sanatçısı Atilla Mayda, Cihan sazevi sahibi Mehmet Cihan... Bazılarının dükkanında oturur çay içer, birkaç saat sohbet ederdi. Gönül sohbetleri programını yapmış olan Hakim Sabri Tandoğan ve hanımı Yurdanur hanım, milletvekilleri, genel müdürler, halkın her kesiminden gelenlerin sorunlarını hallederdi.

Derman Hoca büroda iken, büroya beyaz sakallı, Şeyh efendi denilen bir zat gelirmiş. Herkes onu görünce ayağa kalkıp elini öpermiş. Derman Hoca ayağa kalkmamış. İçinden "Gel öp elimi." demiş. Sakallı zat ne olduğunu anlamadan Derman Hoca'nın elini öpmüş. Derman Hoca bunun açıklamasını sonra yapmış. "Bunlar bomboş insanlardır oğlum. Sadece kendilerine Şeyh ismini takmış kimselerdir. Kendilerini bir şey sanıp ortalarda gezerler."

Gerçekten o dönem Menzile bağlı Nakşibendi tarikatının hocaları oraya geliyordu. Ben de şahit oldum. Onlarda hocanın elini öpüp tevbe etme usulü vardır. Sanırsın ki kilisede günah çıkartıyorsun!

Yine bir gün Cuma namazından gelmiş olan Danıştay başkanı Sabri bey'le Derman Hoca Danıştayda çay içerlerken şu soru sorulmuş: "Cami hocası, namaz kılmayanların kafir olacağını söyledi. Doğru mudur?" Sabri bey nezaketen "Hocamız varken, bunun cevabı bana düşmez." demiş. Derman Hoca da "Namaz kılmayanlar kafir olmaz. Ancak kafirler namaz kılmaz." diye cevaplamış.

Yine bir gün Derman Hocam, Mehmet Cihan, Atilla Mayda, Yaşar Çetinkaya'yı dini bir sohbet toplantısına davet etmişler. Herkes kollarını çapraz yaparak gelenleri saygı ile karşılıyormuş. Sonunda bir zat görünmüş. Herkes "Kutup geldi. Kutup geldi!" diyerek ayağa kalkmış. Derman Hocam ile Yaşar Çetinkaya ayağa kalkmamış. Aksine kutup dedikleri zat, Derman Hocam'ın önünde eğilip elini öpünce, öğrencileri şaşırmış. Kendi aralarında "Derman Hoca Türkiye'nin; Şeyh Efendi Ankara'nın kutbu." demişler. Sohbet boyunca Kutup efendi, hocama sorular sorup notlar almış. Sonradan öğrencilerine satacaktı herhalde. Sohbet sonunda kameramanlar, fotoğrafçılar gelip çekimler yapmışlar. Toplantıdan sonra Yaşar Çetinkaya, Hocam'a "Hocam ben toplantıda çok sıkıldım." demiş. Hocam da "Ne kameralarda ne fotoğraflarda çıkmadım. İstemezsem çıkmam. Kutup denilen zatı şöyle bir kokladım, manevi hiçbir koku duymadığım gibi hiçbir manevi dereceye de sahip değildi oğlum." demiş.

Yaşar Çetinkaya 10 gün sonra filmleri almak üzere Mehmet Cihan'a gittiğinde, filmlerin yandığını ve kameradaki filmleri kurtarmak için Fransa'ya gönderildiğini öğrenmiş. Derman Hoca ile buluştuklarında, "Oğlum Amerikaya da gönderseler, filmlerin hepsi yandı. İstemezsem fotoğraf ve kameralarda çıkmam." demiş.

Bu hikayeyi ben de Derman Hoca'nın ağzından dinlemiştim. Kendisiyle fotoğrafım olduğu için ne kadar şükretsem azdır.

ALLAH DOSTUNA MAKAM VERİLMESİ

Derman Hoca, Bozöyük'te doktorluk yaptığı sırada, bir ramazan günü, kasaba dışına yeşil sarıklı bir insan tarafından tayyi mekan yaptırılır. Gittiği yerde ricali gayb ehli kırklarla karşılaşır. Orada kendini kırkların içerisine alırlar. Kırkların 7.si ve en genç olanıymış. Yıllar geçtikce Gavs derecesine yükselmiş, bunu ifşa etmezmiş ama anlattıklarından anlaşılıyormuş. Kimyager öğrencisi bir gün sormuş: "Hocam gavs şimdi hangi ülkede?" O da "Gavs kim oluyor?" diye cevap vermiş.

Manevi görevlilerin tek gecelerde Hira Dağı eteğinde toplandıklarını, bu divana bazen Resulullah efendimizin, bazen de Gavs'in başkanlık ettiğini söylerdi. Buradan da devamlı tayyi mekan yaptıkları, başka alemlere de seyahat yaptıkları anlaşılıyor. Haçkalı'nın tayyi mekanla İstanbul'da Derman Hoca ile karşılaşması sırasında "Münir, beni senden başka kimse göremez." demişti.Allah dostu Bozöyük'te hükümet tabibi iken, bir ramazan ayında Dodurga köyüne doğru yürür. Karşısından yeşil sarıklı bir adam ona doğru yürüyerek köyün yolunu sorar. Allah dostu Derman Hoca, birlikte yürümeyi teklif eder. Bir süre sonra çevre değişmeye başlayınca, Derman Hoca korkar. O yabancı da görevli olduğunu, korkmaması gerektiğini, onun korkusunu gidermek için geldiğini söyler. Bir göle ulaşırlar. Gölün karşısında yüzlerce benzer kıyafetli insan vardır. Ayakları ıslanmadan gölü geçerler. Hepsi ile tanışır. Der ki; "Kitabımda bana öğrettiklerinden değil, anlattıklarından bir nebze bahsedeceğim." Derman Hoca'nın yanına oruçlu olduğu için azık çıkını verirler. Tekrar aynı şahısla aynı yoldan dönerler. Bir süre sonra mekan tanıdık gelmeye başlayınca o kişi ayrılır. Derman Hoca yalnız yürürken, bir karınca yuvasının yanında oturur ve iftarını verdikleri meyveyle açar. Meyveyi yiyince hoş bir hal hisseder. Bir daha ömrü boyunca meyve yememiştir.

Derman Hoca başka bir seyahatinde "Ayda bir defa beni başka bir aleme götürürler. Orada izzet ve ikramda bulunurlar." demişti. Bu da gösteriyor ki günümüzde çokca ele alınan paralel boyutlar, kuantum fiziğine göre ve Kur'an'da geçen 18 bin alem, ziyaret edilen alemler gerçek olabilir.

Münir Derman Hoca, kendisini hem dinî ilimler, hem de dünyevî ilimler açısından son derece geliştirmiş bir şahsiyet olduğundan, düşünce dünyası da aynı paraleldedir. Anlattığı konuları tıp, felsefe, psikoloji ilimleriyle alaka kurarak günümüz insanı için daha anlaşılır kılmaktadır. Fen ve diğer ilimlerle manevî konuları açıklayan Derman Hocam, "Bir din âliminin bütün fen ilimlerini bilmesi gerekir. Psikologlar ve psikiyatr doktorlar Latince ruh anlamına gelen Psi- hecesindeki ruhu dahi bilmezler." derdi.

Münir Derman Hocamın "Allah dostu" adlı Eserinde şöyle bir cümle yer alır. "Bu eserleri alsalar bile okuyamazlar; Okusalar bile anlayamazlar! Bazen bir cümlenin bir kütüphane dolusu anlamı vardır." Eserlerinde, söylenemez söyleyemem gibi cümleler geçer. Bazen konu ile ilgili sorunun cevabı eserin başka bir sayfasında yer aldığı gibi, rical-i gayb konusunda, kırklara nasıl karıştığını anlatırken, "Bana öğrettiklerinden değil, bana anlattıklarından bahsedeceğim." der

Derman Hocam kendisini şu hikayede gizler: "Bir kul bir gün Hızır'a rastlar. Hızır onu bir yere götürür. Ormanda kırklarla, yedilerle görüşür, onbirleri dinler. Hızır ne dedi bana bilir misin?

Kul arkadaş üçler kalmadı bugün. Yediler iki kişi kaldı. Kırklar on bire indi. Hamdolsun ki on birler baki."

SU

Münir Derman hazretleri üç ciltlik eserine SU adını vermiştir. Suyun olduğu yerde can ve ruh olduğu ve suyun cennet gıdası olduğu ifade edilir. Dünyanın ve insan vücudunun çoğu sudur.

Suyun bildiğimiz hallerini sıralarsak:

H_2O hidrojen ve oksijen gazının birleşimidir, sıvı halde bulunur.

Ateşi söndürücüdür.

Suyun gaz hali, sıvı halden gaz haline geçerken buharlaşır.

Oksijen yakıcı; hidrojen yanıcıdır.

Yükselirken buharlaşan su, kar ve yağmura, doluya dönüşür.

Kar tanesindeki kristalleşmede biri diğerine benzemez.

Dolu ya da buz haline gelirse, bir kayanın içersinde buza dönüşen su, kayayı çatlatır. Su buhara dönüşürse koca gemiyi ve trenleri hareket ettirir.

Manevi aleme ait olan su içersinde sıvı ve hava olarak büyük bir enerji barındırmaktadır. Uçaklar hava ile gökyüzünde kalır, arabalar su ile çalışabilir.

Su damlaları üzerine düşünce ve duygu yansıdığında her insanın duygu ve düşünceleri farklı bir biçimde şekillenir. Canlılık hava ve suyla devam eder.

Muhtemelen suyun bilinmeyen manevi aleme ait güçleri, zihin ile yönlendirildiğinde ortaya keramet, mucize gibi olağanüstü haller çıkar. İnsan vücudundaki su çeşitli enerjilere dönüşebilir. Zihin gücünü kullanan Qigong ustaları, su enerjisini hava atomlarına yükleyerek rakiplerini dokunmadan yenerler, hayvanları uyuturlar, maddeyi hareket ettirirler, elleri ile hastalara şifa verirler. Elleri ile ateş yakabilirler.

ALLAH DOSTU MÜNİR DERMAN HOCA'DAN HİKAYELER

Derman Hoca'nın şahsen bizlere anlattığı hikayeler ve diğer dostlarına anlattığı ortak ve farklı hikayeleri var. Onun üç dostunu tanıma fırsatı buldum. Rahmetli polis emeklisi Hüseyin Ayırgan ağabey, Ali Fuat Paşa köyündeydi, evinde misafir olmuştuk. Arabası ile Derman Hoca'yı çok gezdirdiği için hatırasından dolayı arabasını garajında saklıyordu. Diğer iki dostu ile telefonda tanışabildik; emekli polis Yaşar Koçhisarli, diğeri TRT prodüktörü Hüseyin Kansız ağabey. Bugün 80 yaş civarındalar, hatıralarını kitaplaştırdılar.

Her ziyaretimde farklı olaylar anlatılırdı, cevaplayamadığı soru yoktu. Burada anlattığı birkaç hikayeden bahsedeceğim. Kendisine Ufo, Uzaylılar, Bermuda Şeytan Üçgeni, insanın uçması gibi farklı sorular sorardım.

İnsanın yerçekimini yenip uçması konusunda şu açıklamayı yapmıştı: İnsanın sağ burun deliği oksijen, sol burun deliği argon gazını alır. Burnun tek deliği sıra ile kapatılarak alınan hava neticesinde, bedende hafiflik oluşarak levitasyon-yerçekimini yenme gücü elde edilir. Dedesi, Ahmet Ziayeddin-i Gümüşhanevi hazretlerinin diğer lakabı Uçan Şeyh'ti. Trabzon'dan İstanbul'a uçarak gittiği anlatılır.

Ufoların Alman-İsrail projeleri olduğunu anlatırdı. Youtube'da Almanların VRIL ufo çalışmalarının videoları mevcuttur.

51. bölge, Bermuda Şeytan Üçgeni, Philadelphia deneyi gibi bilim kurgu hikayeleri Amerika'da yaygındır.

Amerikalıların Ay'a astronot gönderdiği dönemlerde "Ay'ın kıyameti çoktan kopmuş oğlum!" derdi. Güneş sisteminde canlı yani uzaylı olmadığını ifade ederdi; "Üzerinde canlı olsaydı, Resulullah efendimiz şakkıl kamer olayında Ay'ı ortadan ikiye bölmezdi." derdi.

Resim derslerinde renk karışımlarının yeni renkler oluşturduğundan söz ederek, Güneş'in gerçek renginin yeşil olduğunu söylerdi: "Biz onu sarı görürüz. Çünkü yeşil ile atmosferin mavi renk karışımı güneşi sarı olarak görmemizi sağlar."

Bilimsel izahı da şöyle; Güneş'ten, görülebilir olan spektrumun tamamına (hatta ötesine) yayılan dalgaboylarından ışık saçılır. Bunlar bir araya gelerek, beyaz rengi oluştururlar. Ancak Güneş'ten saçılan ışığın görülebilir spektrum içerisinde en yoğun olduğu dalgaboyu yeşildir!

Derman Hoca, kendisini ziyaretimde ve sohbetinde anlattığı hikayelerin birinde, Lafonten ile bir toplantıda buluştuğunu, karga ile tilki hikayesindeki üzüm peynir olarak değiştirmesini söylemiş. Çünkü tilki üzüm yemez demiş. Lafonten'in yüzyıllar önce yaşadığı göz önüne alınırsa, tayyi zaman yolculuğu yaptığı anlaşılıyor. Bu sırrını hiç konuşmamıştık.

Ankara'da hasta olduğu bir gün, yakınlarından şöyle bir istekte bulunmuş: "Eskişehir'de falan hemşire var. Onu Ankara'ya çağırın. O kurşun dökmesini biliyor." Hemşire Eskişehir'den gelip kurşun dökünce, Derman Hoca birden iyileşmiş. Sonra bu konuyu şöyle izah etmiştir: "Hastalıklarda vücutta bulunan maden ve mineral dengesi bozulur. Kurşun, bu mineralleri dengeye sokar."

Gönlümden bir düşünce geçirdiğimde kafamdaki soruyu sohbet içerisinde cevapladığı olmuştu. Bir ziyaretimde de, bakmakla görmek arasındaki farkı açıklamıştı: "Görmeyene görme özürlü denir, bakmak ise dikkati bakılacak nesneye yönlendirmektir."

"Bir sokakta yürürken, bir soru sorsalar 'sokakta kaç tane dükkan var, kaç tane ağaç var, falan apartmanda kaç merdiven var?' etrafına dikkatli bakmalısın ki konsantrasyonun güçlensin." derdi. Başka bir şehirde yaşayan bir vatandaşa yazdığı cevapta, o kişinin sokağını, evini en ince detaylarına kadar anlatmıştı. Tabi bunu konsantrasyon ile izah etmek mümkün değil. Ancak durugörü, tayyi mekan ile açıklanabilir.

"İnsan kulağı ile görür. Gözü ile duyar" sözüne ise, şu örneği vermişti: "Yerde sırtüstü dönmüş bir böceği gördüğünüzde çıkardığı sesten acı çektiğini kulağınızla görürsünüz; gözünüzle de böceğin çırpınışlarından acı çektiğini duyarsınız."

Şaka yapmayı severdi. İnancından, Resulullah sevgisinden hiç taviz vermediği için bazı insanlara göre celalli bir yapısı vardı. Almanya'da tıp öğrencileri ile bazen şakalaşırmış. Ayaktaki bir öğrencinin çenesinden tutup başını tavana dikmiş ve sormuş "Pantolonunda kaç düğme var?" Öğrenci de "Şu kadar düğme var." deyince. Derman Hoca "Dummkopf, pantolonunda düğme yok, fermuar var." demiş. Yine başka bir soru yöneltmiş; "Kasaba meydanındaki heykelin ayağındaki ayakkabı mı ya da çizme mi?" diye sormuş. Öğrenci de "çizme" deyince Derman Hoca "o bir heykel değil, o bir büst." demiş.

Başka bir ziyaretimde, "Evladım burada dün bir curcuna vardı. Dün hasta bir çocuk getirdiler. Çocuk konuşmuyordu. Birçok doktor çare bulamamıştı. Çocuğa bakarken, aniden suratına bir tokat patlattım 'Konuş lan eşşeoğlu eşşek!' deyince, çocuk konuşmaya başladı." demişti.

Kısa bir hikayeyi de bir öğrencisi anlatmıştı: "Hocayı hastanede ziyarete gittik, hanımı bizi kapıda karşıladı. Hanımı sus işareti yaparak kendisini takip etmemizi söyledi. Hoca yatakta yatıyordu. Kalp monitörüne baktığımızda şaşırdık. Hocanın ağzı kıpırdarken, monitörde grafik çizgileri yerine görünmeyen bir el Kur'an'dan ayetler yazıyor, monitör dolunca silip yenisini yazıyordu."

Tıb bilimlerinde de birkaç anısı şöyle:

Eskişehir Devlet Hastanesinde genel cerrah olarak görev yaparken, dünyada mikrocerrahi tekniğinin olmadığı dönemde ilk uzuv birleştirme ameliyatını yaptığını, trafik kazasında bacağı kopan bir genç getirdiklerini anlatmıştı: "Uzun bir ameliyat ile kopan damar ve sinirleri diktim. Sonra arka odaya geçip namaz kıldıktan sonra, Allah'a yalvararak ağladım. Allahım ne olur bu gencin bacağı iyileşsin."

Bu konu ilk önce, Amerikalıların dikkatini çekmiş, gazetelerde yayınlanmış. Sonrasında, Almanlar kendisini takdir ederek, Almanya Mainz Üniversitesi Tıp fakültesinde görev vermişler. Uzun yıllar orada cerrahi profesörü olarak çalışmış ve emekli olmuştur.

"Oğlum! Benim guatr ameliyatlarımda fazla kan kaybı olmaz." demişti. Nedenini sorduğumda "Hastanın başını ve dizlerini yükseltirim." Fizikte görülen birleşik kaplar gibi kan vücutta şekil alacağından fazla kan kaybı yaşanmadığını söylemişti. Bir hastanın bacağındaki tümörü nasıl yok ettiğini açıklarken, tümör kan ile beslenmezse ölür diyordu. Tümörü besleyen damarlara adrenalin enjekte ederek, tümörün kan ile beslenmesi kesilince, tümör yok oluyordu. Günümüzde de de bu teknik kullanılıyor. Kadınlarda görülen miyomu besleyen damarlara bir madde enjekte edilerek, tümörü besleyen damarlar tıkanarak tümör kuruyor ve yok oluyor. Bu işleme embolizasyon deniyor.

Bazen alternatif gibi görünen konulardan bahsederdi.

PROF. DR. MÜNİR DERMAN HOCA ve ÖĞRETİSİ

Keçiören senatoryumunda hanımı ile kalıyordu. Doktorların verdiği yanlış bir ilaç neticesinde sol elinde baş parmak ile işaret parmağı arasında kas erimesi olmuştu. Ziyaretine gittiğim zaman bu konuyu açtı: "Eskişehir'de sıhhat eczanesi sahibi Rıza bey var. Onda Darvolt Fransızca farmakoloji kitabı var, onu bana getirebilir misin?" dedi. "Getireyim Hocam." dedim. Eskişehir'e döndüğümde, Rıza beye durumu anlattım. Kitabı verdi, ben de Derman Hoca'ya götürdüm. Kitaptan limon özütünün formülünü buldu. "Doktorlar limon özütünü bile bilmiyorlar." dedi. İşaretli formül sayfalı kitabı tekrar Rıza beye geri götürdüm. Rıza bey o formülü laboratuarda yaptıktan sonra ilacı Derman Hoca'ya göndermiştim. Bu kitabı incelediğimde gerçekten çok değerli bilgiler vardı. İlk sayfalarında o kadar çok çeşitli uzunluk ve ağırlık ölçüleri vardı ki o zamana kadar hiç duymamıştım. Umarım Eczacılık fakültesi bu bilgileri değerlendiriyordur.

İlk alfabenin Bali Adası'nda ortaya çıktığını 28 harf bulunduğunu söylerdi. "Her harf bir rezonans-titreşim oluşturur. Bu titreşimle hangi organın hasta olduğu anlaşılır." derdi.

"Gözbebeğinden, ter kokusundan, hastanın duruş şeklinden anlaşılır. Örneğin üresi yüksek hastanın teri ekşi elma gibi kokar." derdi. Bu konuda Mainz Üniversitesinde bir de kitabının olduğunu söylemişti. "Diagnosis Mit Fragen I age"-Açık Gözle Teşhis. "Hocam bu kitaptan Türkiye'deki doktorlar da faydalansa olmaz mı?" diye sordum. "Oğlum sağ olursam getiririm." dedi. Nasip olmadı. Bu kitabı getirmek için şahsi teşebbüslerimde de başarılı olamadım. Yakın dostlarım da araştırdılar. Bu üniversitede böyle bir kitabın olmadığını öğrendiler. Geriye kalan ihtimaller arasında Derman Hocam kitabı getirmiş ve bana söylemeyi unutmuş olabilir ya da Almanya'da başka bir eyalet ve hastanesinde olabilir.

Kabe'yi Göstermesi

Derman Hocam'a Eskişehir Çarşı Camisinde, bir ikindi namazı sonrası, cami önünde Kabe resmi satan bir satıcı musallat olmuş. İlla, "Al evinin duvarına asarsın." deyince hoca yakasından tutup havaya kaldırıp caminin içersinde Kabe'yi göstermiş, adam da "Allah" deyip yere düşmüş. Sonraları Hocam'ın peşine takılmışsa da Hocam onu talebeliğe kabul etmemiş. Bu adam sonradan Ankara'da dini kitaplar satan bir dükkan açmış, hâlâ edepten yoksunmuş.

Yağmur Duası

Derman Hoca Edirne'de yedek subaylık yaparken, kurak bir yıl geçirmektedir. O kasabanın meczubu belediye başkanına yolda yürüyen Derman Hoca'yı göstererek, bu subay dua ederse, yağmur yağar demiş. Bunun üzerine belediye başkanı Derman Hoca ile konuşmuş. O da askeriyeye kurban eti verilmesini şart koşmuş. Ahali ile birlikte kasaba dışına çıkmışlar. Derman Hoca şapkasını ve tabancasını masanın üzerine koymuş ve demiş ki "Allah yağmur verirse, bu şapka doluncaya kadar kimse meydandan ayrılmayacak, yoksa bu silahla vururum." Başlamış duaya. Gökyüzünde hiç bulut yokken birden kara bulutlar belirmiş, şiddetli bir yağmur yağmaya başlamış. Tabii herkes sırılsıklam olmuş.

Yalancı Şeyh

Yine bir gün başka bir ilden şeyh olduğu söylenen bir adam cemaati ile gelmiş. Basurdan muzdaripmiş. "Önce şöyle bir kokladım fakat manevi bir koku alamadım. "Şeyh olanın kıçından kan gelmez, defol eşşoğlu eşşek diyerek kovdum." diye anlatır bu olayı. Sahte şeyhlere dayanamazdı. Burada hakiki Allah dostlarının koku ile anlaşılabileceğini de anlıyoruz. Böylelikle insanlar sahte Allah dostlarını, sahte tarikatları ayırt edebilirler. Tarikat, dini eğitim veren bir okuldur, bir yoldur ama günümüzde içine şahsi yorumlar, hurafeler karışmıştır.

İslam Ruhu

Padişahlık döneminde bir güreş yarışması düzenlenir. Avrupa'dan da birçok güreşçi katılır. Bir tanesi hiç yenilmemiştir. Padişah halka seslenir: "Bu Avrupalı ile güreş tutacak var mı?" Zayıf yaşlı bir adam "Ben güreşirim." der. Gerçekten de güreş esnasında tek bir hareketle Avrupalı güreşçiyi yener. Bu İslam ruhunu gücünü (Qıgong, CHI-KI enerjini) gösterir.

Bir gün kendisine Japonlar ne güzel Kİ enerjisini bulmuşlar deyince, "Japonlar da kim oluyor? Gerçek Kİ, İslam Kİ'sidir (ruhudur)." demişti.

Tedavide Duanın Önemi

Vahiy, ihtizaz halinde Resulullah'ın gönlüne düşer, oradan da söz halinde Resullulah'ın ağzından çıkar... Duanın etkili olabilmesi, sözden ihtizaza, vahye dönüş şeklinde olmasıdır. Herkes dua okur ama doğru ihtizazı ancak veliler verebildiği için şifa verici etkisi ortaya çıkar.

Bazı sara hastalıklarında hastanın kulağına doğru ihtizazlı sesler verildiğinde, yükselen beyin sıvısı dengeye girerek hasta iyileşmektedir.

Birkaç kişinin yanında sohbet ederlerken, yabancı olan birisi sesin etkili olmayabileceğini iddia etmiş. Derman Hoca ona ayakta durmasını söylemiş sonra karşısına geçmiş, gözlerine doğru kuvvetlice bağırınca, o kişinin gözbebeği büyümüş. İçine korku düşmüş. Karate sporunda tuğla, tahta, kiremit kırarken yüksek bir sesle bağırdıklarını ve bunu müsabakada kullandıklarında rakibin korktuğunu ve dengesinin bozulduğunu söylerdi.

"Kalabalık bir grup ile savaş halinde olunursa, rakipleri karınca gibi görmek lazım." demişti. Tabi savaş sanatlarını bilmek şartı ile! Öğrenci olaylarının şiddetli olduğu dönemde, Eskişehir Anadolu Üniversitesinde, rektörün dağılmaları konusunda ikna edemediği öğrencileri balkona çıkarak yaptığı konuşma ile dağıtıp, evlerine gönderirmiş. "Oğlum Allah beni Aslan gibi gösteriyor onlara!" derdi.

Yine bir arkadaşı ile Ankara gençlik parkında dolaşırlarken arkadaşını sevmeyen birkaç kişi ile karşılaşırlar. O kişiler seslerini çıkarmadan yollarına devam ederler. Ertesi gün arkadaşı ile o kişilerin arasında şu konuşma geçer. "Dün o yanınızdaki 2 metre boyunda güçlü kuvvetli adam kimdi? Onu görünce korktuk!" Halbuki Derman Hoca'nın boyu 165-170 civarındadır.

Egzama

Yakın dostlarından Hakim Sabri Tandoğan beyin eşi Rana hanımın elinde egzama çıkmış. Hiçbir doktor iyileştirememiş. Derman Hoca'ya dua rica etmişler. O da dua ederek tükürüğünü Rana hanımın egzamalı eline sürmüş. Birkaç günde geçtigi gibi, Rana hanımın eli 40 gün gül kokmuş.

Bilimsel bir yorum getirmeye çalışırsak, topraktan yaratılan insan bedeninde topraktaki bütün mineral ve elementler olduğuna göre ve ilaçlar da bu elementlerin birinden imal edildiğine göre ermiş kişiler tükürük vasıtası ile gerekli elementi kendi bedeninden hasta kişiye naklediyor olabilirler mi?

Bir başka hastaya da pırasayı haşlayıp, suyu ile banyo yapmasını önermiş. "Pırasada oldukça zengin mineraller var." demişti.

Kore Savaşı

Nato'da olduğumuzdan, Amerikan ordusunda binbaşı doktor rütbesi ile Kore savaşına katılmış. Çatışmanın hızlı bir anında kimse başını siperden kaldıramazken, Derman Hoca bir dua okumuş. Bir sis ortaya çıkmış, herkes rahat rahat namazını kılmış. Yine siperde iken, Amerikalı askerler "Sana bir şey olmaz" diyerek, Derman Hoca'nın arkasına saklanıyorlarmış. Bu kanaata nasıl varmış olabilirler? Başka bir hikayede kurşun geçirmez muska bir horozun boynuna asılmış, Amerikalılar ateş ettiği halde horoza bir şey olmamış.

Yine, Okinava'da savaş döneminde iken, ormanda ilerlerken açıklık bir alanda yaralı bir Japon askeri görmüşler. Derman Hoca askeri tedavi ettikten sonra etraftan, birçok silahlı Japon askeri çıkmış. Japon komutan "Askerimizi tedavi ettiğinizi gördük. O yüzden size bir şey yapmayacağız. Hemen burasını terk edin." demiş.

Tayyi Mekan

Derman Hoca Almanya'da Mainz Hastanesinde doktorluk yaparken, Mamak'ta Abdullah isminde postacı bir tanıdık, Münir Derman Hoca'nın öğrencilerinden Kimya Mühendisi Ahmet bey'e gelerek; "Geçen Cuma Hacı Bayram caminde namaz kıldım. Dr. Münir Derman vaaz ettiler. Allah ondan razı olsun" dediler. Hoca Almanya'da değil mi idi diye sordular. Tanıyanlar evet dedi. Hoca geldi de neden bana söylemediniz deyince, tanıyanlar şaşkınlıkla birbirlerinin yüzüne baktılar. Abdullah beye sen yanlış görmüşsün. Hoca Almanya'da dediler. Hoca Almanya'dan geleceği zaman tanıdıklara telefon ederdi. Onu karşılarlardı. Abdullah bey gördüğünde ısrar etti. Derman Hoca'nın tayyi mekan gibi kerametleri vardı.

İnsanlara sayısız iyilikleri olmuştur.

Çok hassas bir insandı. Bana anlattığı bir hikayeyi hiç unutmadım. Eskişehir'de karlı bir kış günü işe giderken yolda ayakkabısız fakir bir adam görmüş. Derhal adamın yanına gidip kendi ayakkabı ve çoraplarını çıkartıp adama giydirmiş. "Şimdi ısındın mı?" diye sorup, "ısındım" cevabı alınca kendisi yalınayak karda yürüyerek işe gitmiş.

Eskişehir'de sel yıllarında selden birçok kişi kurtarmış. Fakir bir ayakkabı tamircisine incitmeden yardım etmek için işine yaramayacağı halde "Bana şöyle bir parça lazım." diyerek bir kösele parçasını çiviletip yardımda bulunmuş.

Bir gün minibüsle giderken aşırı hız sonucu yolcular korkunca, Derman Hoca şoföre yavaş gitmesini söylemiş. Şoför saygısız davranınca, "Elinde ne silahın varsa gel." demiş. Minibüsün dışındaki bu olay Derman Hoca'nın zaferi ile sonuçlanmış. Nerden bilsinler Derman Hoca siyah kuşağın zirvesinde...

Yine belediye otobüsünde yaşanan bir olayda; bir serseri genç, Derman Hoca'ya "Oradan kalk moruk!" demiş. Derman Hoca "Ben sana ne yaptım?" demesine rağmen, olay tekrarlanınca, belediye otobüsü durmuş. Dışarıda Derman Hoca serserinin haddini bildirmiş. Olay karakola intikal etmiş. Derman Hoca kendini tanıtmış. Yolcular da şahit olunca, olay kapanmış.

Eskişehir'de hastane çıkışı, bir vatandaş yolunu kesmiş küfür ve tehdit etmeye başlamış. "Ben sana ne yaptım?" demesine rağmen devam edince, o vatandaş düşüp ölmüş. Derman Hoca, "İşe sahibi karıştı." demiş. Yani Allah haksız yere davranan kişinin canını almış.

Eskişehir'de Allah ve peygambere söven birine hafifçe bir tokat vurunca, o kişinin yüzünün bir tarafı felç olmuş ve mahkemeye düşmüşler.

Görüntü Yanıltır.

Ankara'da Derman Hoca her gün Ulus mevkiinde bir pavyona uğrarmış. Tanıyanlar merak içersindeymiş. Bir gün kendisine sormuşlar. "Oğlum orada çalışan kader kurbanı kadınların dertlerini dinler, onlara hayır dualarda bulunurum." demiş.

Benzeri bir hikaye de İstanbul Maksim gazinosunda geçer. Mevlithan cemiyeti başkanı ve Cerrahi tarikatı lideri Maksim gazinosuna gider, oradaki kadınların dertlerini dinler, dua edermiş.

Kar Yağdı Sultan

Ankara'da türbesi bulunan Kar Yağdı Sultan'dan dua istemek halk arasında bir inanıştır. Bir gün Derman Hoca'ya kadın hastalıklarından muzdarip bir hanım gelir. Derman Hoca da onu Kar Yağdı Sultan'a yollar. De ki! "Münir Derman yol verdi. Selamı var. Benim için Allah'a niyazda bulunur musun?" ve dua et. "Allah'ın izniyle bu hastalıktan kurtulursun." demiş.

Türbe ziyaretlerinde çaput bağlamak, mum yakmak ve çeşitli davranışlar batıl inançlardır. Burada Allah'a yakın evliyanın sizin için dua etmesi söz konusudur. Esas olan kadere isyan etmemektir. Derman Hoca "İstek için bile, Allah'a el kaldırma. O seni senden daha iyi bilir. Dua edeceksen, gönlünden geçir. Melekler bile duymasın." der.

Kabir Ziyareti

Derman Hocam zaman zaman Eskişehir müftüsü ve dostları ile kabir ziyareti yaparmış ve kabirden en son o ayrılırmış. Yakın dostları müftüye sebebini sorduklarında "Derman Hoca kabir ehli evliyalar ile manen görüşür, görüşmeyi bitirmeden dönmez." demişler.

Arabayı Yıkatması

Derman Hocam Ankara'dan Eskişehir'e bir dostunun arabası ile yol alırken, şoför "Eskişehir'e varınca arabayı yıkatacağım." demiş. Eskişehir'e varırken siyah bir bulut belirmiş. Kuvvetli bir yağmurdan sonra pırıl pırıl güneşli bir hava açmış. Derman Hoca şoföre "Hadi arabayı yıkattık, kuruttuk, Eskişehir'e varınca da arabayı silersin artık." demiş.

Almanya'dan Ankara'ya Ziyareti

Derman Hoca Almanya'da iken, Ankara'daki yakın öğrencileri ile yazışırmış. Biri sormuş "Hocam sizi Ankara'da görmüşler!" O da mektubunda gurbette olmanın zorluklarından bahsetmiş ve onları özlediği için daima onları düşündüğünü, haberi olmadan ruhen içine dönenlerin bu durumu anlayabileceğini ifade etmiş: "Özlem duygumu gidermek için gizlice gidip geliyorum. Habersiz örtüm açıldığı için görmüşler beni. Bugün buna inanmazlar, gülünç, hayal deyip geçerler."

Almanya'da iken, bir gün ben de kendisine bir mektup yazmıştım. "Siz ulu bir çınarsınız. Ben de çınarınızın gölgesinde bir fidan olayım." diye! Ankara'ya emekli olup döndüklerinde, sohbetimiz esnasında judo karate dosyaları arasına saklamış olduğu mektubu çıkarıp gösterdi. "Oğlum bu senin mektubun mu?" dedi. Nereden bilmişti! Sonra itina ile dosyaların arasına geri koydu.

Almanya'dan öğrencisine yazdığı mektupların birinde şunlar geçer: Karanlık bir sabah vakti işe gitmek üzere karla kaplı bir koruluktan geçerken, uzun saçlı ve sakallı iriyarı bir kişi ile karşılaşıyor. Türkçe hitap ederek, Hızır olduğunu söylüyor. "Bu kafir diyarında yaşananlar halkın kaderi! Bugün yaşananlar, Lut kavminin yaşadıklarının 100 katı. Ama Resullulah'ın şefkatli kalbi üzülmesin diye Allah onları helak etmiyor. Senin de Allah'a Resullulah'ı gücendirmemek için beddua etmeyeceğini bilirim. Sen buraya manevi bir görevle geldin. Bugün irşad etmenin de bir faydası yoktur. Ağlama! Takdir-i ilahi böyle." demiş. Bu mektupta "Allah bugün aramızdan çekilmiştir." derken şu ayet aklıma geliyor: "Ben size şah damarınızdan daha yakınım."

Ruh Allah'ın nurundan bir kıvılcım olduğuna göre insanlar, şeytani düşünce ve yaşam biçimi ile Allah'tan uzaklaşıyorlar. Başka bir ifadede "Şeytan Allah'tan uzak kalmışların sırrıdır." denir.

Mektubun devamında öğrencisine "Erenler vazife verdiler. Hak müsade etti. Gurbete geldik." diye yazar. Sonra öğrencilerine tavsiyelerde bulunur. "Önce kadere razı olacaksınız. Arkasından tevhid, az yemek, az uyumak. Sabır, kanaat, şükür." Karşılıklı bir şey beklemeden, taşa, hayvana, nebata toprağa her şeye karşı sonsuz bir şefkat ve merhamet içersinde olunması gerektiğini ve arkasından erbain-halvet geldiğini söyler.

"Halvette mürşit sana televizyon ekranı gibi yaptıklarının ne işe yaradığını gösterir. Manevi olarak da seni üçler, dörtler, yediler, kırklar ile görüştürür. Konuşturur.

Cesedinde esmalar başkalaşır. El basir (uzaktan görme-duru görü), El semi (uzaktan duyma-duru işiti) başlar. Mürşit seni ikinci defa halvete soktuğunda renkler, şekiller, kokular başkalaşmıştır."

Derman Hocam insanda 7 duyu olduğunu söyler. Görme, işitme, koku, tad alma, dokunma, ruhsal görü ve ruhsal işiti. "Son ikisi halvette kazanılır." der.

Almanya'da Papazla Arkadaşlığı

Almanya'da Idstein kasabasında doktorluk yaparken, hep bir kilisenin önünden geçermiş. Ayini dışarıdan dinlerken Meryem Ana'ya dua etmiş. O gece papaz bir rüya görmüş. İsa peygamber demiş ki "O Türk doktor var ya benim anneme dua etti. Selamımı söyleyin." Ertesi gün Derman Hoca kilisenin önünden geçerken papaz hocanın ayaklarına sarılmış, "Sen benim peygamberimizi görmeme vesile oldun." diye teşekkür etmiş. O günden sonra dost olmuşlar.

Hızır'la Konuşması

Almanya'da işe giderken sabah namazını kıldıktan sonra, yolu ormandan geçer, yolun yarısında sert mizaçlı, uzun ve ince yapılı saç ve sakalı ağarmış bir zat karşısına çıkar. Karşılıklı selamlaşırlar. Derman Hoca karşısındakinin heybetinden irkilince, Hızır kendini tanıtır; "Korkma Münir, ben Hızırım." Yolda yürürken konuşurlar, Hızır "Biliyorum yükün çok ağır, bazen üzülüp, ağlıyorsun. Benden yardım isteyebilirsin." der. Derman Hoca ise "Allah beni benden iyi biliyor. Veren de O, alan da O, O'ndan başka kimseden yardım istemem." der. Hızır ise "O halde dertlerinin azalması için ben de dua edeceğim." der ve biraz yürüdükten sonra gözden kaybolur.

Derman Hoca'yı Ateş Yakmazdı

Ağrı'nın Eleskirt ilcesinde hükümet tabibliği yaptığı dönemde, trenle Eskişehir'e gelirken Erzurum yakınlarında iken o yıllarda trenlerde ısınmak için soba yakılmaktadır. Tren yolcuları arasında bazı tarikat mensuplarını ateş yakmazmış diye bir konu ortaya atılmış. Hocam da "Bak ben doktorum. Ateş beni de yakmaz." demiş. Hocam vagonda kıpkırmızı sobayı elleri ile kaldırıp yana koymuş, herkes şaşırmış. Ateşin herkesi yakmadığını görüp inanmışlar. Başka bir gün de hastanede benzer bir konu tartışılıyormuş. Doktor arkadaşlarına "Ateş beni de yakmaz." diyerek çakmağı sonuna kadar açıp avucunu uzun bir süre alevin üzerinde tutmuş. Doktorlar avucunun yanmadığını görünce şaşıp kalmışlar.

Ankara Kızılay'da Tercihli Yolu Geçmesi

Hocam Kızılay'da yürürken, ortadan demir parmaklık ile ayrılan yolun karşına demirler yokmuş gibi içersinden geçmiş. O anda bir trafik polisi görünce şaşırmış. Derman Hoca da "Farkında değildim, o an parmaklıklar yok oldu." deyince, polis büyük bir zat karşısında olduğunu anlamış, ellerinden öpüp hayır dua istemiş.

Bir Ayetin Üç Manası

Derman Hocam bir ayete yedi anlamını verebilecek derin bir ilim sahibi idi. Ankara'da Erciş Otel'de kaldığı dönemde üç yakını ile sohbet ederken, Musa peygamberle ilgili bir ayetin üç tefsirini yapar. Şayet dördüncü tefsirini yaparsam "Allah" deyip, "kendinizi camdan atarsınız. O yüzden dördüncü tefsirini anlatmayacağım." demişti.

Benim aklımda iki tefsir kaldı. Aklımda kaldığı kadarı ile firavun döneminde, firavun kendi toplumunda bir erkek çocuğunun büyüyüp kendisini yeneceğini kahinlerden öğrenince, ülkesindeki erkek çocukları öldürtmeye başlamış. Musa peygamberin annesi onu bir sepete koyup dereye bırakmış. Allah'a emanet etmiş. MU-SA su kabı anlamına geliyormuş. Yani adını suya konulan sepetten almış. Musa peygamberi, firavunun karısı dereden bulup sarayda büyütmüş. Karısı onu sahiplendiği için Firavun Musa peygamberi çocukken test etmek için masaya altın para ve ateş koru koymuş. Musa peygamber ateş korunu ağzına atınca, dili yanmış. Firavunda "Bundan bana zarar gelmez, zeki biri değil." demiş. Musa peygamber peltek konuştuğu için hayatı boyunca kardeşi Harun (Aaron) peygamber Musa peygamberin sözcüsü olmuş.

Ayetin ikinci anlamında; Allah'ın kudreti ile Musa peygamberin çocukken ölümden kurtarılarak, firavunun sarayında yetiştirildiği, firavunun testinde altın yerine ateş korlarına yönlendirildiği anlatılır. Firavunu öldürecek kişi sarayda yetişir ama firavun farkında değildir.

Burslu Olarak Fransa'ya Gönderilir.

Padişah Abdülhamid Han, yanında iki danışman bulundurmuş. Birisi derviş, diğeri meczupmuş. Onlar sayesinde padişahlığın sona ereceğini bildiğinden, Mustafa Kemal Atatürk'ü yetiştirmeye karar vermiş. Japonya'nın ünlü karatecisi ve büyükelçisini çağırtarak, Japonca öğretmesini istemiş. Japon hoca da zamanla İslamiyeti merak etmiş, öğrenince de Müslüman olmuş. Japonya'da bir cami kurulmasını sağlamış.

Derman Hoca'nın öğrenciliğinde ise, Fransa'da burs için açılan sınava, Derman Hoca da katılmış. Sözlü sınavda Atatürk şu soruyu sormuş: "Napolyon ve Atatürk ülkesi için ne yapmıştır?" Derman Hoca: "Napolyon cumhuriyeti krallık yapmış, Atatürk padişahlığı cumhuriyet yapmıştır." diye cevap verince, Atatürk'ün çok hoşuna gitmiş. Burslu öğrenciler arasında yer almıştır.

Hayvan Sevgisi

Merhamet, peygamberliğin 1/14 denir. Derman Hoca da son derece merhametliydi. "Frankfurt hayvanat bahçesini gezerken, yurdundan kopartılarak Almanya'ya getirilip kafeste esir tutulan aslana üzüldüm. Farkında olmadan güvenlik sınırını aşarak kafese yaklaştım. Elimi parmaklıkların arasından geçirip, hayvanın başını okşadım. Üzüldüğümü anlamış olacak ki, 'üzülme' dedi. 'İnsanlar bizi seyrettiklerini zannederken, biz insanları seyrediyoruz. Buraya getirildiğimden beri ilk kez kükreyeceğim' dedi. İnsanlar dönüp baktı. Bir polis yanıma gelip 'yasak ve tehlikeli olduğunu bilmiyor musun?' dedi. Ben de 'hayvanların dilini biraz öğrendim. Hayvan doktoruyum' dedim. Polis 'sen deli misin?' diye söylenince 'Evet, bak arslan delilere bir şey yapmıyor' dedim. Bu olayı o günün Alman gazetesi yazmıştı."

Haksızlığı sevmeyen bir yapısı vardı. Köy yolunda bir öküzün çektiği bir arabada ağır yük yüzünden hayvan zorlanmaktaymış ve arabacının hayvanı kırbaçladığını görünce, öküzü arabanın koşumundan çıkarıp, arabacıya koşum takmış ve onu kırbaçla dövmüş.

Yine gittiği bir piknikte araba ile geri dönerlerken, sofra bezinde bir karınca görünce, hemen arabayı piknik yerine geri çevirmiş. Karıncayı ailesinden ayırmak istemediği için karıncayı piknik yerine bırakmış.

Bir ilçede görev yaparken, belediye başkanı, köylülerin köstebekler tarlalara zarar veriyor diyerek verdikleri şikayet dilekçesini dikkate alarak, toplanıp getirilen köstebek başına şu kadar para verilecek diye anons yaptırıp yazı asınca, Derman Hoca da yazı astırıp, daha fazla para teklif etmiş. Köylüler köstebekleri Derman Hoca'ya getirmeye başlamışlar. O da onları tarlalara tekrar geri salmış. "Onların da toprakta rızkı var, mahsulün hepsini yemeyecekler ya!"

Şehir dışında yolda giderken, kırda susamış bir yılan görmüş. Hemen kağıttan bir külah yapıp, içine su koymuş, oraya bırakmış. Biraz sonra yılan oraya gelerek, suyu içmiş.

Köyde kaldığı zaman, köy tuvaletleri ilkeldir. İki tahta basacak yeri vardır. Gübreler dışarıda toplanmaktadır. Gübrelerin içinde bir örümceğin çırpındığını görünce elini uzatarak onu oradan çıkarıp kenara almış, sonra ellerini yıkamış. Bu olayla ilgili derdi ki; "O günden sonra sağ avucuma maneviyattan ışık verildi. Gece avucumu öne doğru açarak yürürüm, fener gibi yolumu aydınlatır."

PROF. DR. MÜNİR DERMAN HOCA ve ÖĞRETİSİ

Kur'an'da hayvanlar için "Benim sessiz kullarım" hitabı vardır. Onlar da kul. Derman Hocam da Bozüyük'te hükümet tabibi olarak çalışırken evinin alt katının bir odasını kedilere ayırmıştı. Bir de Tigran adında köpeği vardı. Kedi beslemek sünnettir. Hz. Muhammed, Uhud seferinde, ordunun önüne yavrularını emziren bir kedi çıkınca, kedinin başına ezilmemesi için bir nöbetçi dikip koca bir orduyu o kedinin etrafından dolaştırmış. Seferden döndüğünde de o nöbetçiden kediyi istemiş ve sahiplenerek adını Müezza koymuş. Resulullah efendimiz, Müezza entarisinin üzerinde uyudu diye onu uyandırmaya kıyamayıp, entarisini kesip giymiş.

Yine Resulullah'ın, yolda yürürken gördüğü sahabe, entarisinin içersinde bir şey saklamaktaymış. Peygamber görmek isteyince, sahabe elleri ile göğsünü açmış, kedi yavrularını gören Resulullah efendimiz pek mutlu olmuş, "Bundan sonra senin adın kedi babası anlamına gelen Ebu Hureyre olsun." demiş. Ona kimsenin bilmediği pek çok sır öğretmiş.

Yedi uyurlarla beraber uyuyan Kıtmir adında bir de köpek vardı. Resulullah efendimiz, köpeğini açlıktan öldüren inançlı bir kişiyi cehennemde; çölde, köpeğe su veren bir fahişeyi cennette gördüğünü söylemiştir.

Dünya bir canlı zinciri içersinde bir ahenk ile kurulmuştur. Nuh peygamber döneminde bu ahengin devamı için Nuh peygamber'e her hayvandan bir çiftini gemiye alması emri çıkmıştır. İnsanoğlu insanların himayesine verilmiş hayvanları koruyup gözeteceği yerde ev ve bahçelerimiz bir Nuh'un gemisi olacağı yerde, şehirlerde hayvanlara yaşam hakkı kalmamasına çalışılmaktadır. Hayvan neslini tüketmek icin kısırlaştırma modası çıkarılmıştır.Bunlar hep kıyamet alametidir.

Derman Hocam hayvan öldürenlerin felç olarak ceza çekeceğini söylerdi. Bir ilçenin belediye başkanı köpekleri öldürtüyormuş. Emekli olduktan sonra herkes onun felç olduğunu görmüş.

Yine Ankara'da Derman Hocayı kaldığı otele taşıyan taksi şoförü ile ahbap olmuşlar. Taksi şoförünün babası altı senedir felçmiş. Derman Hoca'yı muayene için hastanın evine götürmüşler. Derman Hoca "Hiç hayvan öldürdün mü?" diye sormuş. Hasta, öldürmediğini söyleyince, Derman Hoca da "Çek öyleyse!" demiş. O zaman hasta "Şimdi hatırladım. Harmanda bir kaza sopayla vurup öldürmüştüm." deyince, Derman Hoca dua okumuş. Hastaya "Abdestli gez. İyileşinceye kadar her gün tövbe et." demiş. Hasta kısa sürede iyileşmiş.

Evliyalar Ölmez

1951 Kore savaşında Tahsin Yazıcı komutasındaki Derman Hoca'nın tugayı Kunuri'de Kuzey Koreliler ve Çinliler tarafından kuşatılmıştır. Süngü takarak çemberi yarıp çıkmaları üzerine Amerikalılar "Bu bir mucize" diyerek Türk tugayını ödüllendirmişlerdir.

Birliklerimiz kurtulduktan sonra esir alınan Kore ve Çinli askerler ise; "Hani sizin önünüzde kılıçla savaşan yeşil ve beyaz sarıklı adamlar var ya! Onlara süngü ve kurşun işlemiyordu. Biz onlardan korkup kaçtık. Nerede onlar?" diye şaşkınlıklarını dile getirmişlerdir.

Ankara'nın Elmalı ilçesinde 400 sene önce vefat etmiş Ümmi Sinan hazretlerinin türbesi ve camisi bulunur. Büyük bir velidir. Niyazi Mısri hazretlerinin de hocasıdır. Kore kuşatmasından bir gün önce Derman Hoca Allah'tan manevi yardım ister. Bu esnada Türbedar Salih efendinin babası bir rüya görür. Ümmi Sinan hazretleri kendi camisinde türbedarın tanımadığı bir cemaatle namaz kıldırmıştır. Namazdan sonra cemaate şöyle

PROF. DR. MÜNİR DERMAN HOCA ve ÖĞRETİSİ

seslenmiştir: "Ey cemaat 'Türk askeri Kore'de zor durumdadır. Ona yardıma gideceğiz. Biz dönünceye kadar buralara türbedarım gözkulak olacak." O gün öğleden sonra radyo haberlerini dinlediklerinde Türk ordusunun başarı haberleri gelmiştir.

Emekli TRT prodüktörü Hüseyin ağabeyin Doğu illerinde program yaparken duyduğu yaşanmış bir hikayeyi anlatır: O ilçede iki kız kardeş yaşarmış. Gözleri görmeyen kız kardeş evde kalırken, ablası evden çıkarak, Kur'an okunulan bir toplantıya katılmış. Toplantıda bir kişi Derman Hoca'dan laf açmış: "Rahmetli çok iyi bir doktordu. Görmeyen gözleri bile açarmış." demiş. Akşam üzeri abla eve döndüğünde kızkardeşi kapıda karşılamış. Ablasına demiş ki; "Sen gittikten sonra bir kişi geldi. 'Ben doktor Münir Derman. Gözlerini ameliyat edeceğim' dedi." Ameliyat sonrası kız görmeye başlamış.

Yine eşimin Adana'da bulunan arkadaşının ablasının anlattığına göre, kendisinin boğazının altında kocaman bir yumru guatr varmış. Doktorlar ameliyat olması gerektiğini söylemişler. Ameliyattan bir gün önce rüyasında gördüğü havada uçuşan beyaz önlüklü varlıklar ona ağzını aç demişler. Sonra birisi elini boğazına sokup kanlı bir et parçası çıkarmış. Sabah uyandığında boğazında hiç şişlik yokmuş. Hastaneye gittiğinde doktorlor da şaşırmış. Öğrendiğim kadarı ile bu aile inançlı, Kur'an'ı elinden düşürmeyen bir aileymiş.

'Şehitler ölmez!' sözü vardır. Savaş şehitlerinin yanında, belden yukarı hastalıklardan ölenlerin, toprak, su altında ölenlerin de şehit olduğu anlatılır. Bu kişiler bazen rüya olarak varlıklarını hissettirdikleri gibi bazen göz ile de görünürler.

Eşim Mevlide çocukluğunda, sevdiği bir komşu ölmüş. Fakat onu okula giderken bir hafta boyunca, her sabah evinin sundurmasında sandalyesinde görüyormuş. Sonra hayal gördüğünü düşünüp, annesine doktora gitmek istediğini söylemiş.

Mahalle hocası da aynı şeyi annesine önceden anlatınca hayal görmediği anlaşılmış.

Yine eşimin bir arkadaşı babasının vefatından sonra, babasını otogarın içersinde oğlu ile beraber görmüşler. Yanına gidip onunla konuşmaya çalışmışlar Fakat o duymuyormuş gibi sessiz bir sekilde etrafa bakmaya devam ediyormuş. Cevap alamayınca, oradan ayrılmışlar.

Derman Hocam "Bu gökkubbenin altında kıyamete kadar Allah dostları eksik değildir." derdi. "İnsan televizyonu, telefonu buldu. Diğeri ile uzaktan görüntülü konuşuyor. Bunlar insanın icadı! İnsanın kafası kimin icadı? Bu Allah'ın kullarını binlerce kilometre uzakta olduğu halde, bazen yanında görür gibi olursun. İçindeki şüpheyi atarsan o zaman o zatlarla oturup konuşur, sohbet edebilirsin."

Anaların Değeri

Yaşar beyin annesinin "Oğlum bir Allah dostu ile tanışsın!" dileği gerçekleşmiştir.

Bir gün Yaşar bey işteyken duvarda bir ekran belirir. Derman Hoca görünür. "Ben Doktor Münir Derman. Eskişehir Devlet Hastanesindeyim. Beni ziyarete gel." demiş. O da ertesi gün Ankara- Eskişehir yoluna çıkmış. Bit otobüs rastgelmiş. Eskişehir Devlet Hastanesinin kapısında Derman Hoca karşılamış, "Hoş geldin Yaşar oğlum." demiş.

"Cennet anaların ayağı altındadır. Allahu Teala'nın en sevdiği duygu analık duygusu ve merhametidir." (Hz. Muhammed)

Derman Hoca anasının vefatından sonra, bir rüyasında; bir divanda Resulullah efendimiz ve yanında Allah dostlarını görür. Hemen Resulullah'ın elini öpmek ister. Resulullah efendimiz, Derman Hoca'nın annesini göstererek, "Önce annenin elini öp." der.

Eşimle yasadığım çok ilginç birkaç konudan birisi bu hikaye ile benzerlik göstermektedir. Eşim dürüst, doğru sözlü, merhametli bir anadolu insanıdır. Annesi vefat ettiği gün, üzüntü ile uyuyup kaldığı zaman, ben de üzülüp annesinin ruhuna önceden biriktirdiğim 70 bin kelime-i tevhidi okuyup ruhuna bağışladım ve "Eşimin annesini Derman Hoca karşılasın." diye dua ettim. Sabah olunca eşim kalktığında bir rüya gördüğünü söyledi. Rüyasında evlerinde bir divanda ortada Derman Hoca ve yanlarında Allah dostları ile oturuyormuş. Eşim, annem nerede diye bakınırken, Derman Hoca seslenmiş: "Gel kızım gel annen yanımızda." demiş, o da önce annesinin sonra Derman Hoca'nın elini öpmüş. Bu rüyayı anlattığı zaman "Yaşasın duam kabul olundu." diye şükran duymuştum.

Evliyalar Duyar

Derman Hoca'nın yakın dostlarından biri çalıştığı çimento fabrikasında bir şiir dörtlüğü üzerinde günlerce tartışıp anlamaya çalışmışlar. Derken, Almanya'dan Derman Hoca'dan bir mektup gelmiş: "Gözlerim zayıf görür ama kulaklarım uzundur. Sizin konuştuklarınızı duyarım. Sizin konuştuğunuz dörtlüğün anlamı şudur." diye yazmış.

Gel gül dedi, bülbül güle
Gül gelmedi. Gitti.
Gül bülbüle, bülbül güle
Yar olmadı gitti.

Kibirli insanların Allah dostlarının yanına gitmeyişine benzeterek açıklamış: "Bülbülün yuvası kötü kokar, sesinin güzelliğinden dolayı gülü yanına çağırır. Gül gelemez tabi. Kendisi de gülün yanına gitmeyip, gülün kokusundan mağdur olur."

İlçede Allah'ın velilerinden manifaturacı Ömer efendi ve Kasap Hasan efendi vardır. İlçeye gelen bir maliye müfettisi "Kasabada ermiş kişiler var mı?" diye halka sorar ve onları bulur. Önce kasap Hasan efendiyi denemek ister. Birçok defa kasaba et tarttırır, beğenmez iade eder. Kasabın sabrını dener. O da hoşgörü ile karşılar. Bu defa manifaturacı Ömer efendiye gider. Lafa başlamadan o da, "ben kasap Hasan efendi değilim. Ne alacağına ne kadar alacağına karar ver öyle iste." der.

Bir gün Bozüyük kasabasının müftüsü Derman Hoca'ya gelerek, "Kasabamızda fakir 80 yaşında Hüsnü ağa ve 55 yaşında dul kızı var. Bir gelirleri yok. Acaba Kızılay'dan bir yardım alabilir miyiz?" diye sorar. Derman Hoca da "Kasabamızda Kızılay yok. Ben size fırın göstereyim, oradan her gün iki ekmek alsınlar, Kızılay'ın verdiğini söyleyin." der. Parasını kendi öder, aradan dört sene geçer.

Hüsnü ağa hastalanmıştır. Derman Hoca ile ikisi de aynı rüyayı görür. Rüyada Hüsnü ağa üzüm bağında üzüm istemektedir. Kış mevsimi Derman Hoca üzüm bulup Hüsnü ağayı ziyaret eder. "Üzüm istediğimi nereden bildin doktor bey oğlum? Ben artık yolcuyum, bana Kur'an'dan birkaç ayet oku." der, ağlamaya başlar ve aniden ayağa kaldırmalarını ister. Kelimeyi Şahadet getirir. Gözlerini pencereye dikerek, yüksek sesle "Niçin zahmet buyurdun ya Resulullah!" der. Odanın içini o anda çok güzel bir koku kaplar.

MÜNİR DERMAN HOCA'DAN TASAVVUFİ SÖZLER VE ANLAMLARI

"Allahu Teâlâ insana, insan'dan tecelli eder."

Sultan Veled kuddise sırruhu'l-aziz
"Allah Teâlâ kuluyla, yine kul ile konuşur."

EL RASİHUNE FİL İLM

Kur'anî ilimde Rasih (din bilgisinde derinleşmiş kimse) olanlar anlar. Kur'an'ın üç varisi vardır.

Hz. Musa, peygamber olduğu halde ledün ilmini (Allah ve sırlara gayb ilmi) Hızır'dan öğrenmiştir. Kur'an ayetlerinin bir kısmı temsilidir. Enfus (mana alemine) ve afaki (madde alemine) ait olanları vardır. Tevil'e (mecazi bir kelimeye gerçek manasını vermek) muhtaç olanı vardır.

Besmelesiz ve abdestsiz bir işe başlamayınız. Bütün kainat Hakk'ın güçlerinin kudretlerinin görünüşüdür.

İSM-İ AZAM

İsmi azam insanı kapladığı anda, o insandaki düşünce Allah'ın düşünce ve arzusu yerine geçer. O insan istediği şeyi aklından geçirdiği anda arzusu gerçekleşir. Bir anda tayyi mekan eder (ışınlanır). Resulullah Ay'ı ikiye böler. Musa peygamber denizi yarar. Veliler, Resul'den aksettiği kadar ismi azamdan yararlanırlar.

Hava olmazsa su olmaz.
Su olmazsa hava olmaz.
Hava olmazsa ateş olmaz.
Toprak olmazsa su olmaz.

Başlangıçta hava vardı. Toprakta farklı esmalar insan, hayvan ve çeşitli bitkileri oluşturmuştur. Her insanda galip esma farklıdır. İnsan kendindeki galip esmaya vardı mı, o insan için çirkin, kötü, fena yoktur. O galip esmaya varmak için de temizlik esastır. Hakk'ın kudret ve güçlerinin bir parçası olduğunu anlayarak Hakk'a teslim olmak demektir. Bu temizliğe varmak için kendinde galip esmanın tecellisi ile tesbih ve raksa girebilmek gerekir. O zaman sendeki galip esma ile görür, işitir, hareket edersin ki, o senin ism-i azamın olur. Duyu organlarını kontrol altında tutarak ruhun üfleyişlerine kulak verenler bu işi anlamaya namzet olabilirler.

KERAMET

Her insanda bir esma diğerlerinden üstündür. Bu İsm-i azama yanaşmaya vesile olup, Nebinin lütfu ile ortaya çıkan rabbani güçlerdir. İnsanda galip olan esmanın hududuna girenlerde tabii bir hadise gibi cereyan eder.

Arzusu gerçekleşir. Bulutun yağmur olması gibi.

HİMMET

Mürşit vasıtası ile Resulullah'tan öğrenciye aktarılan bir kıvılcımdır. Himmet müridi nefs ile dünya sevgisinden soyar.

HALVET

Kırk gün bir hücrede/odada bir tas tuzsuz çorba, ibabet ve zikir ile gün geçirmektir. Buna erbain çıkarmak denir. Öğrenci burada mana alemi ile irtibat kurar. Birçok sır öğretilir. Resulullah Hira Dağı'nda halvete girmiştir.

Her peygamberin halvete girdiği dağlar vardır. Musa peygamberin vahiy aldığı dağ ise Tur-u Sina Dağı'dır. Hz. Musa Sina Dağı'ndaki vuslat günlerini oruç ve ibadetle geçirmiş, kendisini iyice tezkiye ederek, Rabbi'ne yakışır bir tarzda dua ve ibadetlerle kırk günü tamamlamıştır.

Allah Musa peygambere iki mucize vermişti. Birinci mucizesi;

"Asanı bırak; (Bıraktı ve) onun çevik bir yılan gibi hareket ettiğini görünce, geriye doğru kaçtı ve arkasına bakmadı... Ey Musa, korkma; şüphesiz Ben(im); Benim yanımda gönderilen (elçiler) korkmaz." (Neml Suresi/10)

Dedi ki: "Onu al ve korkma, Biz onu ilk durumuna çevireceğiz." (Taha Suresi/21)

İkinci mucizesi ise, elini koynuna sokup çıkardığında bembeyaz olmasıdır. "Elini koynuna sok, kusursuz olarak bembeyaz çıksın." (Kasas Suresi/32)

İsa peygamberin dağı ise, Tur-u Zeytun Dağı idi.

Halvet yedi odalıdır. İlk odada mana aleminden "Diş" hakkında bir söz söylenir. Mürit tahammül edemezse, çıldırır, meczup olur ya da karanlık odaya alınır. Derman Hoca iki defa üst üste halvete girmiştir. Anlattığına göre ilk kırk gün sonra halvetten çıktığında lavaboya koşmuştur. Sonra hocası ziyafet verdiğinde önüne konan tavuk butunu almaya kalkışırken, hocası budu karabaş adlı köpeğe atmış ve Derman Hoca'ya "Sen daha olmamışsın, bir kırk gün daha halvete gir." demiştir. İkinci kırk günün sonunda renkleri, kokuları başka başka hissetmiştir. Hocası kendisini kutlamış, filan ormana doğru yürü demiştir. Bir süre yürüdükten sonra bir çiçek ve üzerinde Şebnem denilen su damlası görünmüş. Adeta bu damlada bütün kainat görünmekteymiş. Bu damlaya dokunduğunda ise bu damla büyümüş, bütün vücudunu sarmış. Adeta gusletmiş, sırılsıklam olmuş. Dönüş yolunda karşısına yeşil sarıklı biri çıkmış, "Halvetin mübarek olsun, bundan sonra seninle sık sık görüşeceğiz." demiş.

Derman Hocam kışın eksi 15-20 derecede üşümezdi, hatta ter basardı. Kışın sade bir pantolon gömlek hırka, potin ile gezerdi. Bir öğrencisi kendisine "Hocam o terlemenizden bize de biraz verseniz." deyince, o da "Oğlum o halvette verilir. İzin çıkar Halvete alırlarsa o zaman verilir." demiştir.

YARADILIŞIN İZAHI

Derman Hoca yaratılışı şöyle izah eder: Arş denilen enerji kaynağında bulunan Nur-u Muhammed denilen nur kıvılcımı lamekândan suya geçerken, Lamekanda bulunan, dünyada artık bulunmayan Neptünyum maddesi ile birlikte suya geçer. Bu kıvılcım fen ilminin uzayda tespit ettiği Lüzer noktası denilen 3 noktadan geçer. Bu yaradılıştır. Sudan geçen enerji hidrojen oksijen gazlarına ayrılıp tekrar su haline dönüşür. Neptünyum ile birlikte 99 element yaratılır. Kıyamette bu süreç tersine çalışır. Ruh, Rabbine, maddeler de Lamekana döner. Kıyametten sonra aynı süreçle tekrar yaradılış başlar.

MUCİZE

Peygamberlerin dua ederek, Allah'tan istediği kudretlere mucize denir. Allah'ın kudretlerini kulu vasıtası ile göstermek arzusuyla, kendi izni ile tabii kanunların üzerinde yaptırdığı akıl durduran hadiseler mucizedir. Mirac, Kur'an mucize değildir. Resulullah'ın parmaklarından su akıtması, bir kap yemekle açları doyurması mucizedir. Hz. İsa'nın ölüleri diriltmesi, körlerin gözlerini açması mucizedir.

Madde aleminin kanunları olduğu gibi ruhsal alemin de kendine mahsus kanunları vardır. Onun da arz ve güneşi, gece ve gündüzü, bahar ve sonbaharı vardır. Peygamberlerin ruhu azamı Allah'ın emriyle cihana hakimdir. İsmi azam ile ruhu azam harekete geçer. Ruhani kainatın kanunları ile maddi kainatın kanunlarına tesir edildiğinde ruhu azam arzdan semaya bir anda yükselir.

Ruhani bir kainat olduğundan Derman Hocam "Bu dünyada kör olan, öbür dünyada da kördür." diyerek kalp gözünün açılması gerektiğini işaret eder...

LAMEKAN- ZAMAN, MÜDDET, VAKİT

Mekan olmadı mı zaman olmaz, vakit, müddet olmaz. Zaman bir nehir gibi akar. Görünmez mekansızlık ve görünür mekan arasında insan istifade etsin, Hakk'ı tanısın diye Müddet murat edilmiştir. Her an var olup yok olma vardır. Elektrik ampulü saniyede altmış defa yanar söner. Mekansızlık ve zamansızlığı idrak etme özelliğimiz olmadığında lambayı devamlı yanıyor görürüz. Zaman azaldıkça idrakimizden her şey uzaklaşır. Mekansızlık rahman ve rahim esmaları ile doludur.

Derman Hoca ruhani alemin varlığına dair iki kısa hikayeden bahseder:

"Kötürüm kadını rüyasında Resulu Ekrem elini tutup ayağa kaldırıyor. İkinci adımı attığı zaman kadın uyanıyor ve ayaklarının açıldığını görüyor."

"Resulu Ekrem rüyada aç uyuyan bir adama rüyada ekmek veriyor. Adam rüyada ekmeğin yarısını yiyiyor. Uyandığı zaman elinde yarım ekmek buluyor."

ZAMAN muradın devamını bilmek içindir.

VAKIT lamekanın mekanda idraki için takdir edilmiştir. Resul-u ekrem "Dünya bir andan ibarettir." demiştir.

Asırlar, yıllar, aylar, günler, saatler, dakikalar, saniyeler, saliseler, rabialar, hamiseler onlara kadar gider. Hepsinin ifadesi bir AN'dır.

Ruh için zaman, mekan mevzubahis değildir. Ruh bu mekanda cesette oturduğu için vakitle mukayyet olur. Işık hızı saniyede 300.000 kilometredir. Ruh hızı bu hesap kadrosuna girmez. Zaman ve mekanı tespit için güneş sabit kılınmıştır. Bütün gezegenler bunun etrafında belli bir zamanda dönerler. Sema ve Arz Hakk'ı tespih ederler ve bu tespihin devamlı olması için vakit sürekli değişmektedir.

İbadetler vakitle mevcuttur.

Sabah namazı vakti hayvanlar ve bitkiler tarafından bilinir. Horoz öter, kuzular meler. Havada bir yel eser, birden durur, bu sabah namazı vaktidir. Namaz vakitlerinin tespitinde kullanılan güneş saatinde düz bir yere bir asa dikilir. Gün doğduğu zaman asanın gölgesi 4 mislidir. Aksi tarafta gölge 1/5 olduğu zaman öğle vaktidir. Üç mislini geçerken ikindi, dört mislini geçerken akşam namazı vaktidir.

ŞEBNEM

"Siyah gül, mine, kırlarda mavi menekşe. Sabah namaz vakti bu çiçeklerden bir su damlası çıkar, bu su damlasını gözüne sür. Hakk'ın çok sevdiği gözyaşına benzer bir damladır. Senin zikir ve niyazına tesir eder. Sonra hayvanlar meler, seher yeli eser. Bu yel senin niyazını Resulu Ekrem'e ulaştırır, selamını götürür. Bu yeli teneffüs etmeye alışan soğuklarda üşümez…"

TASAVVUF

İnsandaki ademiyet mertebesidir. Bu alemde iken, aslı ile (ruhu ile) temas kurup yaşamak, Allah'la beraber oturmak hüneridir. Tasavvuf Allah'ın bir sırrıdır. Öğretilmez, öğrenilmez, ulaşılır o kadar …

Allah'a ulaşmak için, seni Resul'ün potasında yoğuracak ustayı ara, sonra maddeyi ruhun emrine al.

Rüzgar görünmez yaptığı işlerle sezilir. Resulullah'tan sonra nebilik ilahi izin ile velayet makamına verilmiştir. Bunlar peygamberin varisleridir.

"Benim alimlerim (veli) beni İsrail peygamberleri gibidir."

Velilik, kul ile Mevla arasındaki perdenin kalkması ile başlar. Şeriat ilk önce cesedi disiplin altına alır, ruhun serbest olarak halikine dönmesini sağlar.

"Tasavvuf yaşanılan bir haldir. İnsanda düşüncenin geldiği yer, başın üzerinde daire şeklinde dönen üç cm boyunda bir melek vardır. Düşünce buradan gelir. Beynin sol küresi düşünce; sağ küresi hareket merkezidir. Sağ beyin vücudun sol bölümü ile; sol beyin vücudun sağ bölümü ile ilgilidir. Beynin iki yarıküreye ayrıldığı gibi, burun delikleri de sağ ve sol olarak ikiye ayrılır. Onlar da sağ ve sol akciğere bağlıdır. Sol burun deliği argon gazı; sol burun deliği oksijen alır.

Bir kasetinde "Nerede Musa'nın eli, nerede bizim elimiz." der. Günümüzde ışınlanma tabir edilen tayyi mekan olayında okunacak secde ayetlerine değinir. Bu ayetleri okuyan o kadar çok insan vardır ki! Neden tayyi mekan yapamadıkları düşündürücüdür. İslam alimlerinin eserlerini alıp okumakla, kasetlerini dinlemekle tassavuf ehli olunamayacağı bir gerçektir. Aksiyonlu bir filmin kahramanının yerine bazen kendimizi koyarız. Japon dövüş filmlerinin moda olduğu yıllarda sinemadan çıkanlar filmin kahramanının etkisi altında kalarak kendini kahraman zannederlerdi. Sinema dışında çığlık atarak anlamsız hareketler yaparlardı. Her konunun eğitimi olduğu gibi tasavvufun da bir eğitimi vardır. Eğitim almadan evliya olunabileceğini sanmak bir yanılgıdır.

"Bir televizyonda radyo dalgalarının şekle, renge, sese nasıl dönüştüğünü anlamaya çalışmak, ledün ilmini buzlu cam arkasından seyretmek gibidir. Akıl, doğru/yanlış terazisidir. Allah insana bilmediğini öğretir. Adem'e keramet vermiştir. Lamekan, madde ötesini, maddeye bağlayan aklın gidemediği huduttur." der.

"Kur'an-ı Kerim'de bildirilmeyen birçok sınırsız ayette, sünnetullah ile kainatta oluşan her türlü olayın aslı gizlidir. Onun için beşikten mezara ilim öğrenin, ilim Çin'de de olsa öğrenin." der.

Resulullah efendimiz, ledün ilminden Ebu Hureyre'ye biraz öğretmiştir. O da "bunu açıklarsam kafir oldu diye boynumu vurursunuz" demiştir.

Var olan anlaşılmayan ilim

1-İlm-i ledün

2-İlm-i ercül, ayak ilmi, yürüme ilmi

Kibir ve gururunu kaybeden, alçak gönüllü kimse bu ilme yanaşabilir.

Derman Hoca'nın anlattığına göre, alemde hakikati aramaktan başka bir şey yoktur. Hakikate ulaşmak için her şeyden temizlenmek gerektiğini söyler ve şöyle sıralar; çevre, vücut, ruh, ahlak, adalet, merhamet okulunu bitir. Başlangıç ve hakikat arasında birçok mesafe vardır. Akıl ve zihin ölçüsü ile birçok garib ve hurafe haller ile karşılaşılır. Bunlar hakikati gizler. Bundan dolayı itirazlarla dolu mezhepler ortaya çıkar.

Bütün dinlerin maddi ve ruhi tarafları vardır. Çeşitli adetleri, dini kurumlar sosyal tarafıdır. Madde ve mana arasında ibadet, gelenek, dua, kurban adetleri tarikat çerçevesi içersinde yayılmıştır. Vecd ve murakabe halleri zikir halkası şeklinde yapılmaya mecbur olmuştur.

Manevi taraf ise, bir kısmı bütün dinlerde olan, din getiren peygamberlerin derin ruhi halleridir. Bu cezbeye kapılan bin sene sonra geleceği aynen görür.

Maddi alemin kanunları gibi manevi alemin de kanunları vardır. Ruh uykuda fizik bedenle ilgisini kestiği ölçüde o alemleri görür. Buna mukaşefe ve mücahade denir. O alemleri üç grupta açıklar:

1. Escad-madde alemi
2. Ervah-melek-ruh alemi.
3. Misal-ayna alemi. Bu alemde canlı olmayıp ayna gibi ruh, melek ve maddi şeylerin yansıyan asıl görüntüsü vardır.

Mana gözü açık olanlar ruhları ile gözlerindeki perdeyi kaldırdıklarından, misal aleminde eşyanın şeklini ve aslını görürler. Derman Hoca ateşi örnek verir:

"Ateş yakıcıdır ama eşyayı yakmasına sebep olacak bir özelliğe sahip değildir. Bu özellik, misal aleminde görülür. Ateşin kendisi yakıcıdır. Sen bu özelliği değiştirebilirsen ateşin seni yakmasını engelleyebilirsin."

Aklın üzerindeki hadiseler ilim ve fen ile açıklanamaz. Melek aleminde imkansızlıklar yoktur. Su üzerinde yürümek, ölüyü diriltmek, çocuğun babasız doğuşu imkansız değildir.

Her insanın başı üzerinde dönen 3 cm boyunda koruyucu bir melek vardır. Düşünce ve akıl bunlardan doğar. Muhtelif renkleri vardır. Havai mavi, yeşil, nar çiçeği, kırmızı çok nadirdir. Havai maviler, sinirli ve iyi kalplidir. Yeşil olanlar, mazlum ve iyi kalplidir. Kırmızı olanlar, haşin, yırtıcı, iyi kalplidir. Siyah olanlar ise fena insanlardır. Metafizikte bu renkler aura diye adlandırılır. Gözler kısılarak insanın dış yüzeyine bakıldığında bu renklerin görülebileceği anlatılır.

Allah arayışını ise şöyle anlatır: Bütün alem, O'nun görünüşüdür. Aslında alem bir noktadır Alemde her şey hareket halinde döner. Ucu yanan bir çırayı hızla çevirirsek çember gibi görünür. Hareketi durduğu zaman bir nokta olduğu anlaşılır. O'nun zatını görüp anlayacak hücre insan zihninde, aklında yoktur.

Ademden önce BİN, TİM, RİM, SİN gibi mahlukların yaratıldığı Kur'an'da aktarılmıştır.

Kur'an'daki kelimelerden manaya varabilmek, Allah'ın insan kalbinde doğuracağı nasib ve vahye bağlıdır.

Vahyi beşe ayırır:
1. Arza, cansız cisimlere vahiy
2. Hayvanlara vahiy (Arıya ettiği vahiy)
3. İnsanlara vahiy (Hz. Musa'nın atasına, Hz. İsa'nın havarilerine ettği vahiy: Peygamberlere inanın!)
4. Peygamberlere ettiği vahiy
5. Meleklere ettiği vahiy

Hiçbir insan Allah ile konuşamaz. Perde arkasından yahut elçi ile konuşur.
1. Bir fikrin kalbe ilhamı
2. Perde arkasından rüya ile ilham
3. Peygamberlere elçi vasıtası ile olan vahiy

Diğer vahiyler Müslüman olan ya da olmayan herkeste olabilir. Allah her millete peygamber göndermiştir. Ruhi ve ahlaki gelişmeleri için, tabiat kuvvetlerine etki etmek için, bütün insanlar arasında kardeşliğin oluşması için vahyi esirgememiştir. Allah bütün insanların yaratıcısı olup, bütün ruhani ve maddi kuvvetleri toplum ayırt etmeksizin bütün insanlığa verdiği için ve bütün milletlere peygamber gönderdiği için Müslümanların bütün peygamberlere inanmaları dinin en büyük esaslarındandır. Tarih boyunca Müslüman olan ya da olmayan, insanlığa iyilik, refah getiren alimlerin ilahi vahiy ile büyük keşifler yaptıklarını kabul etmek gerekir. Bu alimler, ilahi bir kanunu bulmaya uğraştıkları için rabbani ilham nasip olmuş, büyük keşiflere kavuşmuşlardır. Allah bu ilhamı seçkin kullarına vermiştir. Onlar Allah'ın sevgili kullarıdır.

"Tasavvuf yolunu açan tarikatler (ekoller) günümüze gelene kadar orijinal hallerini kaybetmiştir, içersine hurafeler karışmıştır." diyen Derman Hoca, her tarikatı ayrı ayrı ele alır; tasavvuf yolunda ortaya çıkan ledün ilmini ise şöyle açıklar: "İnsanla mekanı içine almış bir mekandır." "Düşünmeden aklı kullanmak akla hakarettir; aklın eremediğini akla sokmaya çalışmak akla hakarettir." "Hiçlik, yokluk; evvel ve son yoktur. Her şey vardır. Bu iki kelime arasında dolaşmasını öğren." İki örnek verir. İçinde leşlerin olduğu bir su birikintisinin güneşin vurması ile buharlaşıp göğe yükselip, içerisinde pozitif ve negatif elektriğin bulunduğu bir bulut oluşturduğunu, yıldırım ve şimşek ile yağmura dönüşüp, içilecek temizliğe geldiğini anlatır. Bu buluttaki elektriğin oluşmasının ledün ile alakalı olduğunu söyler. Yine Kaptan Cousteau'nun iki farklı tuz oranı olan denizin kavuşmamasının ve iki deniz arasında görünmez bir perde oluşunu ledüne örnek verir. Ledün sonundaki K harfi KÜN'ü, ol emri ile ifade eder.

İslam tasavvufu kaynağını Hz. Ali'den alır. Resulullah'ın vefatından ve Hz. Ebubekir'den sonra, Hz. Ali ve Muaviye çatışması ortaya çıkmış, hilafet paylaşımında siyasi, gizli entrikalar başgöstermiştir. Bu kargaşa halinde birçok cinayet ve ahlaksızlık olmuştur. Pek çok dini grup oluşmuş, İslam'ın içersinde Müslüman olmayan sahtekarlar ortaya çıkmıştır. Gerçek gönül ehli olanlar tasavvufun kaybolmaması için tasavvufu kurmuşlardır. İlk tasavvuf ehli Ebu Kasım Kufi'dir. İmam Gazali ve İmam Kuşeyri zamanında tassavufçular çoğalırken, tasavvuf perdesi altında gizli tarikat ve fırkalar oluşmuştur. Hz. Ali ile Muaviyenin çekişmesinden mezhepler doğmuştur. Bu tarikatlerin ortak noktası zikirdir, zikrin yapılış tarzına göre bir sırası vardır.

1- Söz ile 2- Cehri 3- Kalbi 4-Sırri 5- hakki ki 6- hakkul hakiki dir.

Tarikatler hafi ve cehri (gizli ve sesli) zikir yapanlar olarak ikiye ayrılır. Hepsinde murakabe esastır.

Hafi Tarikatlar
1. Kıyami tarikati; kaynağını Hz. Ali'den alır
2. Rufai tarikatı; Ahmet Rufai'den gelir.
3. Kadiri tarikatı; Abdülkadir Geylani'den gelir.
4. Bedevi tarikatı; Ahmet Bedevi hazretlerinden gelir.
5. Desuki tarikatı; Desuki hazretlerinden gelir.
6. Sadi tarikatı; Hz. Sadi'den gelir.

Cehri zikir yapan tarikatlar; Hz. Osmandan gelir. Gazali, Şazeliye, Selahiyye, Nazenin tarikatının kaynağı Muhyiddin Arabi'ye dayanır.

Devrani tarikatlar: Hz. Ömer'den gelir. Sünbüli, Hüdai, Şabani tarikatlarıdır.

Belirli bir topluluğa hitap eden tarikatlar: Melamilik, Mevlevilik, Alevilik, Bektaşilik, Hurifilik.

İbrahim peygamberin oğlu İsmail'in on iki havarisi vardı.
Musa peygamberi esası Harun olup, gayba tapan on iki ashabı vardı.
İsa peygamberin esası Semun olup, on iki havarisi vardı.
Hz. Muhammedin esası Ali olup gayba tapan on iki sahabesi vardı.

PROF. DR. MÜNİR DERMAN HOCA ve ÖĞRETİSİ

Resullullah öbür aleme göçmeden önce Ebu hüreyreye verdiği gibi istek üzerine dört halifeye bazı sırlar vermiş. Onlar da izin verilen ehline nakletmişlerdir.

METAFİZİKTEN TASAVVUFA YOLCULUK

EVLİYALAR VE KERAMETLERİ

Atatürk'ün, "En hakiki mürşit ilimdir." sözüne katılıyorum. Çağımız ilim çağı olup, Allah'ı inkar dönemi kapanmakla birlikte Kur'an ahlakına ve yaradılış fıtratına uyum sağlayamayanlar varlığını devam ettirmektedirler. Bununla beraber Allah dostları da kıyamete kadar var olmaya devam edecektir. Allah dostlarının yaşayanlarına veli, mana alemine göç etmiş olanlarına evliya denir. Evliya kelimesi yaygın olduğu için burada başlık olarak aldım. Veliler, akla uymayan konuları ispatlamak yerine, gizlemeyi tercih etmişlerdir.

Allah'ın varlığını insanlığa inandırmak için peygamberlerin Allah'tan dilemesi ile oluşan olağanüstü hallere mucize; Peygamber'in yolundan giden velilerin yaşadıkları hallere ise keramet denir.

Bazı tartışma programlarında keramet konusu eleştirilmekte, bilime ve akla uymadığı anlatılmaktadır. Bazı olaylar tarihin tozlu sayfalarında kaldığı için ispatı mümkün değildir. Ancak parapsikoloji olaylara biraz açıklık getirebilir. Yoksa her şeyi fiziki madde kanunları ile açıklamak mümkün değildir. "Mana aleminin de kanunları vardır. Mana aleminin kanunları ile madde aleminin kanunlarına etki etmeye keramet denir" derler.

Topkapı Sarayında tomar-ı osmaniyede bazı kerametler anlatılır. Allah dostundan nakildir. Zamanın velisi, euzu besmeleyi euzusuz ve sadece besmele lafını söylediğinde, İstanbul deprem olmuş gibi sallanmış. Çünkü o velinin şeytanla işi olmazmış, euzuya ihtiyaç duymazmış.

Yine başka bir anlatımda geçer; bir oduncu padişahın kızını istemiş. Padişah da birkaç eşek heybe dolusu altın getirirse, kızını verebileceğini söylemiş. Oduncu eşeğin heybelerine besmele söyleyerek, kürekle toprak doldurmuş. Padişahın huzuruna gelince, heybeyi dökmüş, yerlere altın dökülmüş. Bugün bile bu altınların, İstanbul'da kuyumcular çarşısında olduğu söylenir.

Bazı tarihi hikayeler de günümüze eksik, yanlış aktarılmış olabilir, hadisler de öyle. Kur'an tefsirlerinde bile farklı anlamlarda tercüme yapılabiliyor. Türkçe sözlüğe baktığımızda bile, bir kelime konuya göre farklı anlamlar kazanabiliyor. Arapça'da da aynı şekilde anlam değişebiliyor. Derman Hocama göre, eski Arapça'yı, günümüzün Arapları bile anlamazdı. Ona göre meal anlamında, Kur'an, Arapça değil, Allahça'dır. Bir de Kur'an-ı Kerim'de yedi lisan bulunduğu göz önüne alınırsa Arapça Farsça, Süryanice gibi...

Örnek verdiğim veli kerametlerinde, akla ve mantığa uygunluğu okuyucunun takdirine bırakıyorum.

MEVLANA CELALEDDİN-İ RUMİ

Mesnevide yer alan hikayelerden biri ,Hz. Mevlana'nın neyzeni ölüm döşeğindeyken Mevlana'ya haber verirler. O da Hamza'nın kapısına gelir. İçeri girer "Ya Hamza kalk!" der. O da hemen ayağa kalkar. Üç gün üç gece ney çalar, raks ederler. Gün sonunda Mevlana ayrılır ayrılmaz düşer ölür. Burada şu soru akla gelebilir; insan üç gün uykusuzluğa dayanabilir mi? Halvethanelerde az uyku az gıda alışkanlığı kazanılıyor diye biliyorum. Bir veli hayata ve ölüme tasarruf edebilir mi? İsa peygamber'in de ölüleri canlandırdığını burada hatırlamak lazım.

Mevlana 6 yaşındayken cuma günleri evlerin damlarında dolaşır, Kur'an okurdu. Bir gün arkadaşları aralarında iddiaya giriştiler ve biri şöyle dedi: "Gel de bu damdan öteki dama atlayalım." Mevlana ise hafifçe gülümseyerek, "Ey kardeşler! Bu tür bir hareketi kedi, köpek ve diğer canlılar da yapar. Yüceltilmiş insanın böyle şeylerle uğraşması yazık olmaz mı? Eğer ruhsal gücünüz ve candan isteğiniz varsa, gelin, göklere uçalım ve Melekut Alemi'nin menzillerini dolaşalım." dedi. Tam o sırada, orada bulunanların gözlerinin önünde yavaş yavaş kaybolmaya başladı. Herkes şaşkınlık içindeydi. Az sonra tekrar ortaya çıktığında şöyle dedi: "Sizinle konuştuğum o anda yeşiller giymiş bir grup varlık beni sizin aranızdan aldı, feleklerin tabakaları ve gökteki burçların çevresinde dolaştırdı. Sonra sizin gürültüleriniz üzerine beni tekrar geri getirdiler."

Ayağındaki Hicaz Kumu

Mevlana'nın eşi Kira Hatun'un anlattığına göre, bir gece Mevlana ortadan kayboldu. Kira Hatun medresenin her yanını aradığı halde hiçbir iz yoktu. Üstelik tüm kapılar da kapalıydı. Kira Hatun olayı şöyle anlatır: "Biz hepimiz buna şaşakalmıştık. Herkes uyuduktan sonra birdenbire uyandım. Mevlana'nın gece namazını kıldığını gördüm. Namazını bitirinceye kadar bir şey söylemedim. Namazı bittikten sonra bir de baktım ki ayakları toz içinde. Ayak parmaklarının arasında da renkli kumlar olduğunu gördüm. Korku içinde bu hali kendisine sordum. Bana şu cevabı verdi: 'Kabe'de daima bizim sevgimizden söz eden gönül sahibi bir derviş vardı. Bir süre onunla görüşmeye gittim. Bu da Hicaz kumudur, onu sakla, kimseye söyleme.'

Metapsişik araştırmacılar bu tür olayları "teleportasyon" ya da "uzağa taşınım" olarak adlandırıyorlar. Bu durumda, ruhsal enerjileriyle maddeye hakimiyet sağlayabilen kişilerin, bedenlerini ya da birtakım cisimleri parçacıklara ayırarak arzu ettikleri bir yere nakledip tekrar maddeleştirmelerinin söz konusu olduğu belirtiliyor. Eskilerin "tayyı mekan" adını verdikleri bu tür olayların tarih boyunca velilerde ya da ermiş kişilerde "keramet" şeklinde ortaya çıktığı da biliniyor.

Yoktan Var Etme

Mevlana'nın, cisimleri yoktan var etme özelliği olduğu da söylenir. Örneğin bu konuya ilişkin olarak anlatılan bir olay vardır:

"Bir gün Mevlana bir hamamın önünden geçiyordu. Birden hamamın külhancısı Mevlana'nın ardına düşüp ona yalvarmaya başladı. Çok fakir ve çok sayıda çocuğu olduğunu söyleyip, 'Mevlana'nın bana birşey vermesini istiyorum.' diyordu. Bunun üzerine Mevlana şöyle dedi: 'Ağzını aç!' O ağzını açınca, Mevlana avcunu adamın ağzına kapadı. Elini çektiğinde adamın ağzından kucağına hızla bir şeyler döküldü. Bunlar, sanki yeni basılmış gibi sıcaklığı üzerinde altın paralar idi. Adam bu olağanüstü olay karşısında neredeyse çıldıracaktı. Mevlana ise şöyle dedi: 'Hayır, hayır gürültü etme ve bunlardan da kimseye söz etme. Sana altın lazım olduğu zaman yine benim yanıma gel.'."

Atomlarına Ayrılıyor

"Apor" adı verilen bu tür olayların tam olarak işlevi bilinmiyor. Bazı araştırmacılara göre, eşyanın yüksek bir enerji altında atomlarına ayrılmasıyla üç boyutlu mekanın dışına çıkması söz konusudur. Cisim üç boyutlu mekanın dışında olduğu için fizik engelleri kolaylıkla aşabilmektedir. Daha sonra, cisim tekrar yoğunlaşarak eski şeklini alır.

Esrarengiz Ziyaretçiler

Yine Mevlana'nın eşi Kira Hatun'un tanık olduğu ilginç bir olay anlatılıyor: "Bir gün Mevlana Hazretleri kışın ortasında Şemsi Tebrizi ile halvette oturmuşlardı. Mevlana Şems'in dizine dayanmıştı. Ben de ne sırlar söylüyorlar ve aralarında ne geçiyor, diye odanın kapısına kulağımı koymuştum. Birdenbire evin duvarının açıldığını, gayb alemine mensup altı heybetli adamın içeri girip selam verdiklerini, yeri öptüklerini ve bir deste gülü de Mevlana'nın önüne koyduklarını gördüm."

Derman Hoca da Fransa'da Sorbon Üniversitesi'nde burslu okurken, okuldan eve dönüp kapıyı açtığında duvardan yeşil sarıklı üç kişinin odasına geldiğini, yere bir kağıt bırakıp duvarda kaybolduklarını ve hâlâ kağıdı sakladığını söylemişti.

Simyagerliği de Var

Mevlana'nın çağdaşlarından ve dönemin ileri gelen bilginlerinden biri olan Bedreddin Tebrizi, gökbilim, matematik, simya ve gizli bilimlerle ilgili çalışmalarıyla tanınıyor. Zamanının en ünlü simyagerlerinden olan Tebrizi, çeşitli metalleri altına ve gümüşe dönüştürerek, bunları dostlarına ve fakirlere dağıtırdı.

"Onun da kerametleri var mı?"

Bir gece Mevlana'nın en sevdiği kişilerden biri olan Hüsameddin Çelebi'nin evinde sema yapılmıştı. Sabaha karşı herkes uyuduğunda Bedreddin Tebrizi de bir kenara çekilmiş, "Mevlana hazretleri ne yapıyor" diye gizli gizli onu izliyordu. Kendi kendine şöyle diyordu: "Hz. Musa, İsa, İdris, Süleyman, Lokman ve diğer peygamberlerin, mucizelerinden başka yüz bir hüneri vardı. Örneğin Musa'nın kimya yapması, İsa'nın boyacılığı, Davud'un zırh yapması gibi. Aynı şekilde olgun vekilerin de aklın alacağı şeyler dışında türlü kerametleri ve olağanüstü halleri olmuştur. Acaba böyle bir Tanrı filozofunda da bunlardan var mıdır, yoksa yok mudur? Belki de vardır da göstermek istemiyordur."

Taş, yakut oldu.

Tam o sırada onun düşüncelerini algılayan Mevlana birden üzerine atılıp, "Bedreddin, kalk benimle gel." dedi. Sonra sağ eline bir taş aldı. Taşı sol eline koyup Bedreddin'e verdi ve şöyle dedi: "Tanrı'nın sana verdiğini al ve şükredenlerden ol." Bedreddin Tebrizi ay ışığında taşa baktı ve sert taşın son derece şeffaf ve parlak bir yakut olduğunu gördü.

Demir örs, altına dönüştü.

Bir başka gece ise Mevlana, Tebrizi'nin evine gitti. Tebrizi önündeki örsün üzerinde çalışıyordu. Mevlana birden örsü kaldırıp ona uzattı. Tebrizi şaşkınlık içinde demir örsün baştan aşağı pırıl pırıl altına dönüştüğünü gördü. Bunun üzerine Mevlana şöyle dedi: "Eğer altın yapma sanatı ile uğraşırsan böyle sanatkar ol. Bu şekilde altın yapma sanatı için ne örs, ne de çekiş gerekir. Böyle şeylere aziz olan ömrünü harcarsan, işler tersine dönüp, hakikatler meydana çıktığında bunun bir bataklıktan başka bir şey olmadığını anlarsın. Çalış ki, bakır vücudun altın ve altının da cevher olsun. Cevherin de şunun bunun vehmine sığmayan bir şey olsun." Bedreddin Tebrizi, Mevlana'nın bu sözlerinden öyle etkilendi ki, artık simyagerlik yapmadı.

Derman Hoca'nın bir hikayesinde, bir öğrencisi anlatır: Derman Hoca'ya bu hikayeyi sorduklarında, eline bir kağıt parçası almış, kağıdı arkasına götürüp tekrar öne çıkardığında kağıt altın levha halindeymiş. Sonra yine levhayı arkasına götürüp ellerini tekrar öne getirdiğinde, altın levhanın tekrar kağıt haline dönüşmüş olduğunu görmüşler.

ŞEMS-İ TEBRİZİ

Karlı bir kış mevsiminde, Şemsi Tebrizi bir dost meclisinde otururken, dostlarından birisi bir demet gül isteyince kapıdan dışarı elini uzatıp çekmiş ve elinde bir demet gül varmış. Haçkalı Hoca'da da benzer bir olay olmuş; Şeyh Ömer İnan Efendi, dağdan buz isteyince Haçkalı elini uzatıp dağdan buz getirmiş.

Mevlana Mutenabiye ait eserleri devamlı okurmuş. Şems okumamasını söylediği halde devam etmiş. Mevlana rüyasında huzuruna gelen fakirlere itibar etmemiş, içi yanarak uyanmış. O sırada, kapıdan Şems girmiş ve demiş ki; "Gördün mü bak o eserler yüzünden kibre saplanıp o rüyayı gördün. O yüzden için yandı."

M. Nuri Gençosman'ın çevirisi olan Makalât'ta bu konu şöyle geçer:

METAFİZİKTEN TASAVVUFA YOLCULUK

"...Şems-i Tebrizi daha çocuk denecek yaşlarda Allah Teâlâ'ya âşıktı ve aşk deryasına dalarak aşkından dolayı otuz-kırk gün bir şey yemez, içmezdi. Bunu kendisi şöyle anlatır: Çocukluğumda benim iştahımı kaçıran işte bu söz olmuştur. Aradan üç dört gün geçtiği halde hiçbir şey yemiyordum. Sade halk sözünden değil, Hak sözünden bile ürküyordum; sebep yokken yemekten içmekten kesilmiştim. Babam, 'oğlum ye!' dedikçe ben, 'Bir şey yiyemiyorum' diyordum. Artık zayıflıyordum. Kuvvetim o dereceye varmıştı ki, 'İstesem pencereden kuş gibi dışarı uçarım' dedim. Bunda keramet var ama sana açıklamak istemiyor, dediler."

SELMAN-I FARİSİ

Selman-ı Farisi kırda dostları ile beraberken, kırda koşuşan geyikler ve uçan kuşlar dolaşıyormuş. Bir geyik ile bir kuşun misafiri olmasını dilemiş, onlar da hemen gelmişler. Dostları buna şaşırınca o da "Allah'a itaat edene bütün mahlukat itaat eder." demiş.

Abdullah bin Selam, Selman-ı Farisi'ye şöyle dedi: "Benden önce ölürsen, ne ile karşılaştığını bana bildir; ben senden önce ölürsem ne ile karşılaştığımı sana bildiririm."

Selman-ı Farisi Abdullah bin Selam'dan önce vefat etti. Abdullah bin Selam ona rüyasında gördü, sordu: "Nasılsın?"

Selman-ı Farisi: "Hayır oldu."

Abdullah bin Selam tekrar sordu: "Orada hangi işi daha faydalı buldun?"

Selman-ı Farisi, şöyle cevap verdi: "Tevekkülü çok güzel bir şey olarak buldum. Onun çok faydasını gördüm, sana tevekkülü tavsiye ederim; tevekkül çok güzel bir sermayedir."

BAHA VELED

Mevlana'nın babası Baha Veled kendini kıskananlar ve devrin padişahı tarafından rahatsız edilince, Bell şehrinden ayrılmaya karar verir. Ayrılmadan önce devrin padişahına Horasan'ın işgal edileceğini, Rum sultanı elinde öleceğini söyler. Bu aynen gerçekleşir.

SEYYİD BURHANEDDİN

Seyyid Burhanneddin Horasan'da Biyabanek şehrine gittiğinde şehrin büyükleri onu karşılamaya gittiler. O bölgenin şeyhülislamı kibrinden gitmeyince o şeyhülislamın kapısına gitti. Bunu duyan şeyhülislam onu kapısında karşıladıysa da, o şeyhülislamın hamam yolunda öldürüleceğini haber verdi. Dedikleri aynen çıktı. Zamanındaki evliyanın büyüklerinden ve önde gelenlerinden olan Seyyid Burhâneddîn, devamlı Allah'a ibadet ve taat ile meşgul olur, bir an olsun, O'ndan gafil olmazdı. Kerametler sahibi Seyyid Burhâneddîn, bir gün çarşıda giderken, kaftanının eteği bir tarafa hafîf eğilmişti. Bunu gören bir genç, dalga geçmek maksadıyla; "Hey Derviş! Bu ne biçim kaftandır?" diye sordu. O da; "Kaftana ne olmuş? Nesi var kaftanın?" deyince, genç; "Ne olacak, eğrilmiş." dedi. Gencin kendisiyle alay ettiğini anlayan Seyyid Burhâneddîn, ona; "Bu mühim değil, sen benim kaftanımın eğriliğine bakacağına, kendi ağzının eğriliği ile meşgul olsan daha iyi edersin" buyurdu. Genç tam bu sırada ağzının eğrildiğini hissetti. Hatasını anlayıp derhal özür diledi, Seyyid Burhâneddîn de, gencin özürünü kabul edip, ağzına şefkatle bakınca, gencin ağzı düzeldi.

Ayrıca Seyyid Burhâneddîn, Kayseri'de bir gün, yol kenarında Allahu Teâlâ'nın muhabbetiyle kendisinden geçmiş bir halde yürürken, Moğol askerlerinden birisi, atını onun üzerine sürüp, "Hey kimsin? Necisin?" diye sorunca, Seyyid Bur-hâneddîn, "Allahu Teâlâ'nın huzurunda bulunan bir kimseye, bu şekilde sorman uygun mu?" diyerek, cevap vermiştir. Asker, onun bu ibret verici sözlerinden çok müteessir olmuş ve derhal atından inip, kendisinden özür dilemiştir.

SADRETTİN KONEVİ

Muhyiddin Arabi hazretleri Sadreddin-i Konevi'ye nefsini terbiye yollarını öğretmiştir. Sadreddin Konevi de günlerini riyâzet ve mücâhede ile nefsiyle uğraşmakla geçirir. Nefsiyle uğraşması öyle bir dereceye ulaşır ki, uyumamak için Muhyiddin Arabi hazretleri onu alır, yüksek bir yere çıkarır, o da düşme korkusuyla uyumaz tefekkürle meşgul olur.

Bir gün annesine birkaç hanım gelip; "Sen zengin, itibarlı bir kişinin hanımı iken şimdi bir pîr-i mağribî'ye vardın. Hâlin nasıl, hayatından memnun musun?" dediler. O da; "Hâlimden memnunum. Geçimim de iyidir. Lâkin gözümün nûru oğlum büyük sıkıntılar içindedir. Gecesi de gündüzü de yoktur. Efendim Muhyiddin-i Arabî kendisi kuş eti yer, ballı şerbetler içer, lâkin ciğerpâreme bir arpa ekmeği dahi vermez. Yememek ve içmemekten bir deri bir kemik kaldı. Üstelik onu da göremez olduk. Onu kimseye göstermez. Uykusu gitsin diye zenbile koyup bir yere asar." dedi. O akşam Muhyiddin Arabi hazretleri hanımından yine kızarmış bir tavuk istedi. Yemekten sonra Muhyiddin Arabi hazretleri hanımına; "tavuğun kemiklerini bir yere topla." buyurdu. Kadıncağız kemikleri bir araya topladı. O zaman Arabi hazretleri; "Bismillah! Kalk git ey tavuk!" buyurdu. Allahu Teâlâ'nın izniyle hayvan et ve kemiğe büründü ve kanatlanarak uçtu. Bunun üzerine Arabi hazretleri; "Hanım! Oğlun böyle olduğunda ancak tavuk etini yiyecek." dedi. O zaman kadıncağız Arabi hazretlerinin ellerine kapanıp özür diledi ve cân-u gönülden istiğfâr etti. Sonra oğlu Sadreddin Konevi manevî dereceleri geçip büyük veliler arasına girdi.

Sadreddin Konevi hazretleri anlatır: "Hocam Muhyiddin Arabi hayatta iken, benim yüksek makamlara kavuşmam için çok uğraştı. Lâkin hepsi mümkün olmadı. Vefatından sonra bir gün, kabrini ziyaretten dönüyordum. Birden kendimi geniş bir ovada buldum. O anda Allahu Teala'nın muhabbeti beni kapladı. Birden Muhyiddin Arabi'nin ruhunu çok güzel bir surette gördüm. Tıpkı saf bir nurdu. Bir anda kendimi kaybettim. Kendime geldiğimde onun yanında olduğumu gördüm. Bana selam verdi. Hasretle boynuma sarıldı ve; "Allahu Teala'ya hamd olsun ki, perde aradan kalktı ve sevgililer kavuştu, niyet ve gayret boşa gitmedi. Sağlığımda kavuşamadığın makamlara, vefatımdan sonra kavuşmuş oldun." buyurdu.

Sadreddin Konevi hazretleri Konya'ya geldiğinde, çeşme kapısı içindeki bir mescidde imamlık yapmaya başladı. O günlerde kendisini kimse tanımaz ve itibar etmezdi. O da tanınmayı istemezdi. Bir gün Selçuklu Sultanı Alaeddin'e, şahdan kıymetli bir cevher hediye geldi. Sultan, kuyumcubaşısını çağırıp cevheri süslemesini emretti. Kuyumcubaşı, cevheri alıp giderken düşürdü. Sultan Alaeddin cevherin düştüğünü görünce, veziri Sâhib-i Atâ'yı gönderip onu aldırdı ve bir yerde muhafaza etmesini söyledi.

Kuyumcubaşı dükkanına gelince, yolda cevherin düştüğünü anladığında korkudan rengi sarardı ve feryat edip; "mahvoldum." dedi. Aklı başına geldiğinde, büyük bir üzüntü içinde bu hâlini yakınındaki camide bulunan Sadreddin Konevi'ye arz etmek istedi. Sadreddin hazretleri onun hâlini öğrenince; "Ey kuyumcubaşı! Eğer sır aramızda kalır da kimseye söylemezsen, cevheri bulmamız kolay olur." buyurdu. Kuyumcu buna sevinip söz verdi. O zaman Sadreddin Konevi hazretleri bir miktar toprak getirtip cevherin büyüklüğünü sordu. Kuyumcubaşı da;

"yumurta kadar" deyince, Sadreddin hazretleri mübarek ağzının suyundan bir miktar katıp çamuru güneşte kuruttu. Çok geçmeden o toprak parçası misli bulunmayan bir cevher hâline dönüverdi. Sadreddin hazretleri cevheri kuyumcuya verdi. Kuyumcu çok sevinip hemen onu Sultan Alâeddîn'e götürdü. Sultan cevheri görünce, hayretler içinde kaldı. Vezîri sâhib-i atâ'ya emredip önceki cevheri getirtti. Vezir cevheri getirip sultanın huzuruna koydu. Kuyumcudan bu işin sırrını açıklamasını istediler. Kuyumcu çaresiz kalıp başından geçenleri tek tek sultana anlatıp, Sadreddin Konevi hazretlerinin kerametini haber verdi. Sultan derhal hazırlanıp, Sadreddin Konevi hazretlerini ziyaret için onun mescidine koştu.

Sultanın, Sadreddin Konevi hazretlerini ziyaret ettiği mevsim, narların olgunlaştığı sonbahar mevsimi idi. Sadreddin Konevi hazretleri ona bir tas içinde nar hediye etti ve bunları götürmesini söyledi. Sultan bu narları alıp sarayına döndü. kaptaki narlara baktığında her birinin mücevher hâline döndüğünü gördü. Bunun bir keramet olduğunu anladı ve Sadreddin Konevi'ye karşı sevgisi daha da fazlalaştı. Sonradan bu mücevherlerle Konya iç kalesini yaptırdığı rivayet edilmektedir.

Sultan Alaeddîn zamanında Hâcecihân adında Konya'da çok zengin biri vardı, malının hesabı bilinmezdi. Bu zenginin oğlu sara hastalığına tutuldu, derdine çare bulunamıyordu, ona çare için başvurmadığı tabîb kalmadı. Bunun için çok para sarf etti, lâkin hiçbir çare bulamadı. Hâcecihân'ın yolu bir gün Sadreddin Konevi hazretlerinin dergahına düştü; derdini ona açıp; "Şu dünyada bir oğlum vardı. O da sara hastalığına tutuldu, ne olur bu çaresize bir derman olun." dedi. Bunun üzerine Sadreddin Konevi hazretleri ona oğlunun adını sordu. Hâcecihân; "İsmialican, validesinin ismi de hân'dır." dedi. Sadreddin hazretleri hizmetçiden kâğıt kalem istedi ve eûzü besmele okuyup; "Bismillahillezî lâ yedurru maasmihî şey'ün fil erdı velâ fis semâî ve hüvessemîul alîm. Eûzü bi kelimâtillah-it-tâmmâti küllihâ min nefsihî ve ikâbihî ve şerri ibâdihî ve min hemezât-iş şeyâtîn." yazdı ve dualar etti. Hâcecihân eve gittiğinde oğlunun sara illetinden tamamen kurtulmuş olduğunu gördü. Allahu Telala'ya şükürler etti ve bunun keramet olduğunu anladı ve Sadreddin Konevi hazretlerine karşı sevgisi arttı.

Sadreddin Konevi hazretleri bir gün, Allahu Teala'ya yalvarıp; "Ya rabbi! Sana lâyıkı ile ibadet, kulluk yapamadım ve seni hakkıyla tanıyamadım. Senin lutüf ve ihsanına güveniyorum. Cennet'teki makâmımı görmek arzu ediyorum." dedi. O gece bir rüya gördü. Rüyasında kıyamet kopmuş ve insanlar kabirlerinden kalkıyordu. Bu durumu kendisi şöyle anlatır:

"Beni de Rabbimin huzuruna götürdüler. Allahu Teala meleklere emredip; 'Alın cennet'e götürün.' buyurdu. Beni alıp cennet'e götürdüler. Orada türlü türlü köşkler ve bahçeler vardı, onları seyrettim. Bir bahçe vardı ki, onun meyvesi miskti. O esnada bir elma miktarı misk almak istedim ve aldım. İşte o esnada rüyadan uyandım. Uyandığımda sağ elimde bir avuç misk duruyordu, o miskin kokusu da her tarafı kaplamıştı. Bu miskin kokusu hocam şeyh Muhyiddin Arabi hazretlerinin bana hediye ettiği hırka-i şerife sirayet etti." buyurdu. Sadreddin Konevi hazretleri vefat ettiklerinde kefenine bu miskten konulmuştur.

Şemsi Tebrizî hazretleri Konya'ya gelince, Mevlâna hazretleri devamlı sohbet edip, hiç dışarı çıkmaz oldu. Konya'nın ileri gelen diğer âlimleri buna üzülüp, hep birden şehri terk ederek Denizli'ye gittiler. Bunu duyan Selçuklu Sultanı çok üzüldü, çünkü âlimleri seven, onları koruyan biriydi. Bir cuma günü Sadreddin Konevi hazretlerinden ricada bulunup; "Ben âlimler arasındaki şeylere karışamam, bu iş, padişahların karışacağı bir iş değildir. Ancak cuma namazında alimlerin bulunmaması şanımıza noksanlık verir, lütfen bunları bulup getirin!" dedi. Sadreddin Konevi hazretleri hemen katırına binerek yola çıktı, bir anda kendisini Denizli'de buldu. Orada alimleri bulup; "Cuma namazı vakti geçmeden Konya'ya dönmemiz lâzımdır, sultanın kalbini kırmayınız; padişahlar, Allahu Teala'nın emrini ifaya memur kişilerdir. Onlara karşı gelmek, onları üzmek hiç uygun değildir. Sonra Allahu Teala'nın gazabına uğrarsınız." buyurdu. Daha buna benzer birçok ikna edici sözler söyledi. Yanında ev-liyâdan Ahî Evren de vardı. Alimler ikna olur gibi oldular, dedi-ler ki: "Biz teklifinizi kabul edip gelecek bile olsak, cuma vakti Konya'da bulunmamız imkansızdır." Sadreddin Konevi de; "Siz kabul edin, Allahu Teala Müslümanları sevindirenleri mahcup etmez." buyurdu. "Alimler teklifi kabul edip, hemen yola çıktı-lar, birkaç günlük yolu bir anda kat edip, cuma vaktinden ev-vel Konya'ya vardılar. Sultan Alaedin buna çok memnun oldu. Sadreddin Konevi hazretlerine olan sevgi ve muhabbeti daha da arttı, İslâm alimlerine daima yardımcı oldu.

Son vasiyet

Sadreddin Konevi hazretleri ömrünün sonlarına doğru şöyle vasiyette bulundu:

"Rabbime hamd eder, Resûlullah efendimize salât ü selâm ederim.

Ben yakînen inanıyorum ki, cennet ve cehennem haktır. Amellerin tartılacağı mîzân haktır, doğrudur. Ben bu inançla yaşadım ve bu imanla vefat ediyorum.

Sevdiklerim ve talebelerim vefatımın ilk gecesinde Allahu Teala'nın beni her türlü azâbdan bağışlaması ve kabul etmesi niyetiyle, yetmiş bin kelîme-i tevhîd yani 'lâ ilâhe illallah' diye-rek tevhid okusunlar.

Defnedildiğim gün kadın, erkek, fakir, kimsesiz ve düşkün-
lere kör ve kötürüm olanlara bin dirhem sadaka dağıtılmasını
vasiyet ediyorum.

Bekar olanlarınız Şam'a hicret etmeye çalışsın. Çünkü ya-
kında buralarda birtakım fitneler zuhûr edecek ve çoğunuzun
rahatı kaçacak ve size söylediğimi hatırlayacaksınız. Ben işimi
Cenâb-ı Hakk'a havale ediyor ve O'na bırakıyorum. Dostlarım
dualarında beni hatırlasın ve bana her türlü haklarını helal et-
sinler. Benim bıraktığım bilgiler de onlara helal olsun.

Allahu Teala'dan kendim ve sizin için mağfiret diliyorum. Ya
Rabbî bana mağfiret et, şüphesiz sen merhamet edicisin."

(Sadreddin Konevi hazretleri; "Yakında öyle bir fitne ko-
pacak ki, çok kimseler bu zulümden kurtulamayacaktır, onun
için, evlenmeyen kimseler bundan sonra Şam'a gidebilirler."
sözleriyle, Moğolların Selçuklu devletini yıkacaklarını ve çok
zulüm edeceklerini işaret etmişlerdir.)

SULTAN ŞEHMUZ

O, Resulullah'ı çok müşahede ederdi. O'nun duası bereke-
tiyle hasta iyileşir, âmânın gözü açılır, fakir, zengin olur, ihti-
yaç sahiplerinin müşkilleri hallolurdu. Haber verdiği olaylar
aynı ile vuku bulurdu. Pek çok kerameti, menakıb kitapların-
da nakledilmiştir. Mardini adlı müellif, babasından şu şekilde
nakleder ki; Şeyh Musa Ezzuli'nin, Resulullah'a (as) rüyet ve
müşahedesi çok idi. Bütün hal ve fiilleri, Resulullah'ın (as) siy-
retine uygundu. O, "ve elenna lehül Hadid" ayet-i celilesinin
hükmünce, eliyle demiri tutsa, demir, onun elinde, ker ustası
elindeki çamur gibi yumuşak olurdu. Mardin'de çıkan şiddetli
bir yangının söndürülmesi için, halk, ondan yardım istedi. O
da, elindeki asasını, yangının orta yerine atmaları için, halka
verdi. Asayı yangına attıklarında yangın söndü. Yangının hiçbir

şekilde tesir etmediği asayı alıp ona götürdüler. O şöyle buyurdular ki: "Allahu Teala, benim elimin değdiği ve tuttuğu nesneyi yakmayacağını bana vaad etti."

ABDÜLKADİR GEYLANİ

Temiz bir hanım Abdülkadir Geylânî Hazretlerine talebe olmuştur. Bu kadın şehirden uzak bir yerdeyken, ihtiyaç gidermek için bir mağaraya girer. Meğer kendisini bir ahlaksız takip ediyordur. O da kadının peşinden mağaraya girip ona tecavüz etmek ister. Kadın kaçıp saklanacak yer bulamaz o anda Gavsü'l-Azam'ın ismini söyleyerek "Yardım et ey Gavs-ul Azam!" diye içten gelerek samimiyetle mürşidini çağırır. O anda Pir Abdülkadir Geylânî dergâhta abdest alıyordur. Ayaklarında tahtadan nalınlar vardır. Onları çıkarıp mağara tarafına savurur. Nalınlar mütecaviz adamın kafasına kadar ulaşır ve adam ölene kadar kafasına vurur. Böylece kadın, kurtulur. Sonrasında kadın, nalınları alarak Gavs'a getirir ve başından geçenleri olduğu gibi anlatır. Kendisine ihlasla talebe olanların, müritlerinin tevbesiz vefat etmemeleri için dua eder ve duası kabul olunur. Tabiplerin tedavi edemediği hastalar ona gelirler, duası ve bereketi ile şifa bulup giderler. Bir defasında Halife Müstenci'nin akrabasından karnı şiş bir hastayı getirirler. Elini sürüp dua ettiğinde Cenab-ı Allah'ın izniyle o kişi iyileşiverir.

Bir kadın Abdülkadir Geylânî hazretlerinin büyüklüğünü işitince oğlunun onun terbiyesinde yetişmesini arzulayarak ona getirir. Abdülkadir Geylani bu genci yanına alır, nefsin istediklerini yapmamasını kendisine emreder. Aradan epey zaman geçer. Kadın çocuğunu görmeyi arzu eder, kalkar dergâha gelir. Bir de ne görsün? Çocuğu bir deri bir kemik değil mi? Bu hal kadına çok dokunur. O öfkeyle Abdülkadir Geylânî Hazretlerinin yanına varır. Bakar ki pir hazretleri oturmuş sofrada tavuk yemektedir. Hiddeti biraz geçen kadın edebini takınarak: "Efendim, siz burada tavuk yersiniz, benim oğlum ise arpa ekmeği yemekten iğne ipliğe dönmüştür." diye çıkışır. Bunun üzerine Gavsu'l-Azam hiç istifini bozmadan sofradaki tavuğun kemiklerine mübarek elleriyle dokunarak "kum bi-iznillah (Allah'ın izniyle kalk)" der demez tavuk hemen dirilir. Bunun üzerine hadiseyi hayret ve ibretle seyreden kadına yönelerek: "Senin oğlun da böyle olduğu zaman dilediğini yesin" diye cevap verir.

ABDÜLAZİZ DEBBAĞ

Abdülazîz Debbağ'ın hayatı hakkında fazla bilgi yoktur. Talebesi Ahmed bin Mübârek, hocasının menkıbelerini, kerâmetlerini, "El-İbrîz" adlı eserde aktarmıştır:

"Bir gün Abdülaziz'i ziyarete gittiğinde, evimi bir bir anlattı ve sonra; 'Neden atını falan yere bağlıyorsun? Oraya sâlih bir zat defnedilmiştir. Kabri tam senin atının ayağının altında bulunuyor.' dedi. Halbuki biz oralarda bir kabir izine rastlamamıştık. Oraya yakın bir kabristanlık da yoktu. Sonra hocam; 'Senin avlunda yedi kabir bulunuyor. Fakat sen sadece atının ayakları hizasında bulunan zatın kabrine dikkat et. Atını oradan uzaklaştır, o zata saygılı ol! Mümkünse kabirle at arasında bir duvar çek.' buyurdu. O sırada mecliste bulunan talebelerden biri; 'Efendim o zat kimdir?' diye sordu. Hocam Abdülaziz Debbağ; 'Arap'tır. Tilmsan'a yakın yerde bulunan el-Lesbağat kabilesindendir. Bu kabile onu sadece bir talebe olarak bilir. Bir veli olarak onlar arasında tanınmamıştır. Vefat edince, bahsettiğim o yere defnettiler.' dedikten sonra, bana dönerek; 'İstersen bahsettiğim yeri kaz. Onun bedenine rastlarsın.' dedi. Oradan ayrılıp eve gittiğim zaman, hocamın dediği yeri kazdım. Oradan hocamın bildirdiği zatın mübarek bedeni çıktı. Oraya hemen bir kabir yaptırdım. Tekrar Abdülaziz Debbağ'ı ziyarete gittiğimde ona şöyle sordum: 'Efendim! Bizim avluda bulunan diğer kabirleri değil de, neden sadece atın ayaklarının hizasına gelen kabir üzerinde durdunuz ve onun ortaya çıkmasını istediniz?'

Bunun üzerine hocam; 'Çünkü bu zat, Allahu Teala'nın veli kullarındandır. Ruhu serbest ve hareket halindedir. Diğerleri ise berzah âleminde bekliyorlar. Oradaki ölülerin vefatından bu yana, üç yüz yıla yakın bir zaman geçmiş bulunuyor.' dedi."

Abdülaziz Debbağ buyurdu ki: "Firdevs Cennetinde, bu dünyada işitilen veya işitilmeyen bütün nimetler mevcuttur. Cennetin ırmakları, Firdevs Cennetinden kaynayıp çıkar. Bir ırmaktan su, bal, süt ve şarap olmak üzere dört türlü meşrubat akar. Nasıl gökkuşağındaki renkler birbirine karışmadan durursa bu dört meşrubat da birbirine karışmadan akar. Bu ırmaklar müminin isteğine göre akar. Hangisini isterse o akar ve onu içer. Bütün bunlar, Allahu Teala'nın iradesiyle olmaktadır."

"Kulun düşüncesi Allahu Teala'dan başkasına doğru yönelince, Allahu Teala'dan uzaklaşmış olur."

"İnsanlar, varlık âleminin efendisi Muhammed Aleyhisselâmı tanımadıkça, ilâhî marifete kavuşamaz. Hocasını bilmedikçe, varlık âleminin efendisini tanımaz. Kendi nazarında insanları ölü gibi kabul etmedikçe, hocasını bilemez."

HACI BEKTAŞ-I VELİ

Hacı Bektaş-ı Veli vefat ettikten sonra, dâr-ı ukbaya teşriflerinden hemen sonra uzun boylu, yüzü peçeli, yeşil bir örtü ile kapalı bir at üzerinde, atlı bir zat Hacıbektaş'a, Yassıhöyük'e gelir... Cenazeyi yıkar, kefenler. Cenaze namazını kıldırıp kabre indirir...Toprağı atarken "Ya Gani, Ya Allah!.. Ya Hayy, Ya

Allah!... Ya Kayyum, Ya Allah!.. Ya Gaffar!.. Ya Rahman!.. Ya Rahim!" okuyarak mezara üfler.

Hünkar Hacı Bektaş-ı Veli kabrine gömüldükten sonra "yüzü peçeli, yeşil örtülü adam" cemaate veda eder. Tekrar atına binip gideceği sırada Hünkar'a otuz üç sene hizmet eden Sarı İsmail, yanına sokulur. Atına binerek ayrılırken Sarı İsmail, atın dizginini tutarak: "Ya Erenler, Yıkadığın, namazını kıldırdığın, yüzünü gördüğün ve defnettiğin er hakkı için söyle bana; kimsin sen? Yüzünü aç göreyim." der.

Yüzü yeşil örtülü adam Sarı İsmail'in yalvarmasına dayanamaz, peçesini kaldırır... Yüzündeki örtüyü açar. Bu, Hacı Bektaş Hünkar'ın ta kendisidir. Sarı İsmail görür ki Hacı Bektaş-ı Veli... Kendilerine uzun senelerce hizmet etmiş olan Sarı İsmail, derhal yere kapanarak atının sağ ayağını öper: "Ah Erenler Şahı!.. 33 yıldır hizmetindeyim; sana otuz senedir hizmet ettim; nasıl da tanıyamadım seni? Bağışla..." der ve ağlamaya başlar. Hünkar Hacı Bektaş-ı Veli, Sarı İsmail'e: "Er ona derler ki, Eren odur ki, ölmeden ölür, kendi cenazesini kendi yıkar, namazını kıldırır; defneder... Sen de böyle olmaya gayret et İsmail!.." diyerek yüzünü örter; atını sürer ve gider...

ABDULHAKİM ARVASİ

Günümüze yakın tarihlerde İstanbul'da yaşamış, birçok öğrencisi olan Allah dostudur. Bir oğlu da meyhanelerden çıkmayan haylaz biridir. Abdulhakim Arvasi oğlu yokken vefat eder, kabre indirilir. Bunu duyan oğlu güç bela kabre yetişir. Son defa babasının yüzünü görmek ister. Kabre inerek, babasının yüzünü açar, o esnada babası konuşur; "Ulen burada da mı rahat bırakmayacaksın bizi!" Oğlu şaşırıp Allah diye bağırarak kabirden kaçar. Bakırköy Psikiyatr Hastanesinde tedavi gördükten sonra iyileşir ve babasının yoluna girer.

Bu örnekler bize ölümden sonra hayatın devam ettiğini gösteriyor. Şehitler ölmez, bazı veliler ölmez gibi görüşler Anadolu kültüründe yaygındır. Derman Hoca, bildiğimiz şehitlerin dışında belden yukarı hastalıklardan ölenlerin, yangında ve suda, toprak altında ölenlerin de şehit olduğunu söylerdi. "Doğduğumuzu bilmedik ki öldüğümüzü bilelim." derdi. Ölümden korkanlar için teselli edici bir cevaptır bu. Ben de birkaç kez kalp durması yaşamıştım. Hiç fark etmemiştim, uyku gibiydi.

MUHYİDDİN ARABİ

Bir gün Muhyiddin Arabi'nin sohbetine inkarcı bir felsefeci gelir. Bu felsefeci peygamberlerin mucizelerini inkar eder, filozof olduğu için her şeyi felsefe ile çözmeye kalkışır. Soğuk bir kış günüdür. Ortada, içinde ateş bulunan büyük bir mangal vardır. Filozof der ki: "Avamdan insanlar, Hazreti İbrahim'in ateşe atıldığı ve yanmadığı kanaatindedirler. Bu nasıl olur? Çünkü ateş her şeyi yakar kavurur, yakma özelliği vardır." Devam edip birtakım sözler söyleyince Muhyiddin Arabi hazretleri; "Allahu Teala, Enbiyâ Suresinin 69. âyet-i kerîmesinde meâlen; 'Biz de: Ey ateş İbrâhim'e karşı serin ve selâmet ol, dedik.' buyurmaktadır." der. Ortada bulunan mangalı alıp, içindeki ateşi filozofun eteğine döker ve eliyle ateşi iyice karıştırır. Bu hali gören filozof donup kalır. Ateşin, elbisesini ve Muhyiddin Arabi hazretlerinin elini yakmadığını ve tekrar mangala doldurduğunu görünce iyice şaşırır. Ateşi tekrar mangala doldurup, filozofa; "Yaklaş ve ellerini ateşe sok." deyince, filozof ellerini uzatır uzatmaz, ateşin tesirinden hemen geri çeker. Muhyiddin Arabi bunun üzerine; "Ateşin yakıp yakmaması, Allahu Teala'nın dilemesiyledir." der. Filozof onun bu kerametini görünce, kelime-i şehâdet getirerek Müslüman olur.

Muhyiddin Arabi bir gün dağa çıkıp; "Sizin taptıklarınız benim ayağımın altındadır." diye bağırmaya başlar. Bu söz üzerine zamanın uleması Muhyiddin Arabi'nin "Allah benim ayağımın altındadır." dediğine hükmederek küfrüne kail olurlar ve idamına hükmederler. Kabrini bile belli bir yere değil bir dağa yaparlar. Fakat Muhyiddin Arabi Hazretleri bir sözünde:

"İza dehaleşşini ilâşşın, zahara kabr-i Muhiddin" (Sin sına girdiği zaman Muhiddin'in kabri ve muradı anlaşılır) demiştir.

Aradan asırlar geçer. Yavuz Sultan Selim Han Şam'ı fetheder. Orada bu hadiseyi duyup Muhyiddin Arabi'nin kabrinin nerede olduğunu sorar. Kimse Muhyiddin Arabi'nin kabrinin nerede olduğunu bilmiyordur.

Dağda koyun otlatmakta olan çobanlara kadar Muhyiddin Arabi'nin kabrinin nerede olduğunu sorar fakat kimseden kesin bir cevap alamaz. Sadece çobanın bir tanesi:

"Efendim, ben kabrin nerede olduğunu bilmiyorum. Fakat şurada bir yer var ki, oradan ne koyunların birisi bir ot yer ne de oraya bir hayvan basar. Oranın otları kendi halinde büyür ve zamanı gelince de kurur gider." der. Bunun üzerine Sultan Selim, oranın Muhyiddin Arabi'nin kabri olduğunu düşünüp kazdırır. Bakarlar ki, cesedi olduğu gibi duruyor. Oraya muhteşem bir türbe yaptırır. Sonra onun niçin idam edildiğini sorar.

Oradakiler: "Sizin taptığınız benim ayağımın altındadır." dediği için idam edildiğini söylerler.

Bu defa; Sultan Selim Han, bu sözü nerede söylediğini araştırıp orayı da buldurur ve kazmalarını emreder. Kazdıklarında oradan bir küp altının çıktığını görünce, Yavuz Sultan Selim şöyle söyler:

"Hazreti Peygamberimiz, 'Dininiz paranız, kıbleniz kadınlarınız.' buyurmadı mı? İşte Muhyiddin Arabi de buna dayanarak, taptığınız ayağınızın altında demekle, benim ayağımın altında altın var demek istemiş ama o zaman bunu kimse anlayamamış ve Muhyiddin'i haksız yere idam etmişler." Böylece Muhyiddin Arabi'nin iki kerameti birden zuhur etmiş oluyordu; biri paranın yerini bildirmesi, biri de Yavuz'un gelip hadiseyi aydınlığa kavuşturması...

Bir kişi, Muhyiddin Arabi hazretlerinin büyüklüğüne inanmaz, ona buğuz eder. Her namazının sonunda da ona on defa lanet etmeyi kendisine büyük bir vazife kabul eder. Aradan aylar geçer, adam ölür. Cenazesinde Muhyiddin Arabi de bulunur. Cenazenin affedilmesi için Cenâb-ı Hakk'a yalvarır. Definden sonra arkadaşlarından biri, Muhyiddin Arabi'yi evine davet eder. O evde bir müddet murâkabe halinde bekler. Bu arada yemekler gelmiş, soğumuştur. Ancak saatler sonra murâkabeden gülümseyerek ayrılır ve yemeğin başına gelip der ki: "Bana her gün namazlarının sonunda on defa lanet okuyan bu kimse, af ve mağfiret edilinceye kadar Allahu Teala'ya hiçbir şey yememek ve içmemek üzere ahdetmiştim. Onun için bu halde bekledim. Yetmiş bin kelime-i tevhîd okuyarak ruhuna bağışladım. Elhamdülillah, Rabbim dileğimi kabul buyurdu. Artık yemek yiyebilirim."

İNANÇ TARİHİ

Dünya üstündeki inançları incelediğimizde görürüz ki insanlar hep peygamberlere zorluk çıkarmış, eziyet etmiş hatta öldürmüşler. İbrahim peygamber ateşe atılmış, İsa peygamber çarmıha gerdirilmeye çalışılmış, Peygamberimiz'e, Musa peygambere karşı savaş açılmış.

Görülen o ki devrin firavun ve yöneticileri makam ve ekonomik gücü, inanca tercih etmişler. Günümüzde de öyle değil mi? İnancı siyasete alet ediyor, bir futbol taraftarlığı gibi kullanıyorlar! Toplumu daha kolay yönetebilmek için ırk, din, mezhep, futbol, siyaset vb konularla bölüyorlar.

İslam anlayışı dogmatik kör bir inanç olmayıp ilme ve araştırmaya önem verir. İlk ayet "OKU"dur. "İlim Çin'de de olsa gidip öğreniniz." der. İslam alimleri bu yüzden tıp, matematik, coğrafya gibi pozitif ilimlere vakıf olduklarından Allahu Teala'yı tanımak ve anlamak yönünden ileridirler.

"Bilim adamları Allah'tan aldıkları ilhamlarla, insanlığın yararına buluşlar yaptığı için Allah'a yakındırlar." der Münir Hocam. Günümüzde de birçok toplum artık Tanrı'nın tekliğini kabul etmiştir.

İnanç tarihi, ciltler dolusu sayfa konu olurken, burada kısa bir özet olarak anlatılan olaylar tamamen bir topluma mal edilemez. Çok tanrılı inançtan tek tanrılı inanca geçiş, peygamberlere inanan ve inanmayan taraflar kısaca özetlenmiştir. Bunlar içerisinde kabalizm, mitraizm gibi mezhepler, büyü ile ilgilenen gruplar yer alır.

Birçok düşünür kainatın arkasındaki hakikatlere cevaplar bulmuşlar, bunlardan mezhepler doğmuştur.

1. İlahiyatçıların görüşü: Büyük bir varlık vardır. Bütün görünen varlıklar O'nun eseridir.

2. Materyalistlerin görüşü: Görünen bütün varlıkların aslı maddedir.

3. Ruhçuların görüşü: Asıl olan ruhtur. Madde ve hayat, ruhun çeşitli görünüşüdür.

4. Pozitivistlerin görüşü: Bunu anlayamayız. Ancak tezahürlerini araştırırız.

5. Septiklerin görüşü: Mutlak hakikatin bilinmesi şüphelidir.

6. Agnostiklerin görüşü: İlahi hakikat anlaşılamaz.

7. Müslümanların görüşü: Allah birdir. Ezeli ve ebedidir. Eşya ve varlık Allah'ın tecellisidir.

Yeryüzünde büyük nehirlerin etrafında büyük mürşitler yetişmiştir. (Fırat, Dicle, Nil, Ganj) Hz. İsa'dan önce Hindistan'da, büyük sırlara sahip gizli gruplar vardır. İngiliz Profesör Paul Brunton da sır ilmi ile ilgili eserinde bu hakikatlerden bahseder. Bu gizli ilimleri kendisinde uygulayıp kerametin çok üzerinde haller gösterenlere yogi denir. Bunların içinde en hayret verici olanı Yogi Gabaranga'dır. Budizme göre ruhun amacı hiçlik olan nirvanaya kavuşmaktır.

Mısır'da da Hermest felsefesinde tek bir Tanrı inancı vardır. Hakikati öğrenmek için müridin çile çekmesi, nefs ve dünya ihtiraslarından vazgeçmesi gerekir.

Yunanlılar'da İsa'dan 548 sene önce Fisagor ve öğrencileri ruhun sonsuzluğuna inanmışlardır. Müzik ruhun, matematik zihnin gelişimine katkıda bulunur. Kisenofan, İsa'dan 600 sene önce doğmuştur. Tek bir Tanrı'nın varlığına inanır. Sokrat, İsa'dan 400 sene önce doğmuştur. "Bütün akılların üstünde bir akıl vardır." der. "Nefsini bil" sözü onundur. Platon, İsa'dan 497 sene önce doğmuş olup, görünen eşya varlığının üzerinde olan misal aleminde tek bir Tanrı'ya inanır. İnsan misal aleminden madde alemine inince misal alemini göremez olur. Ruhun ölmezliği, bu kainatın amacını oluşturan bir üst aklı kabul eder.

Filon, Plotin, Origenes, Descartes, Spinoza, Malebranche gibi alimler Tanrı'nın birliğini kabul ederler. Plotin mutlak varlığı keşf için vecd ve cezbe gerektiğini söyler. "Tanrı ile kainat, Tanrı ile insan içiçedir, fakat Tanrı kainat değildir." der.

Hazreti Adem'den bu yana yaratılışın yeryüzünde nasıl başladığı araştırılmaktadır. İlk insan Adem A.S. şüphesiz Allah'ı biliyordu. Sonraki nesillerin Allah'ı unutmasına karşılık Allah bilinmeyi murad etmiş, peygamberler göndermiştir.

Bilinen dinler tarihi Hz. Yusuf ile başlar. Hz. Yusuf Mısır'da makam sahibi iken, kardeşleri Yahuda ve diğerlerini Mısır'a çağırır.

Yahuda büyüleri öğrenir. Kıskançlık yüzünden Yusuf'u kuyuya attırır. Hz. Yusuf'un ölümünden sonra Mısır büyüleri ile ve şeytanla anlaşma yaparak, İsrail'in liderliğini eline geçirir. O topluma bu yüzden Yahudi denmiştir. Yahuda öldüğünde soyu firavunların zülmüne uğrar. Allah kurtarıcı olarak Hz. Musa'yı seçmiştir.

Hz. Musa kavmini zülümden kurtarmaya ve sapkın alışkanlıklarını terk etmelerine uğraşır. Hz. Musa yanlarından bir süre ayrıldığında, Yahuda soyu tekrar sapkın alışkanlıklarına döner, Kabala'ya bağlılık gösterirler.

"Hani Musa ile kırk geceliğine sözleşmiştik de siz onun arkasından buzağıyı ilah edinerek zalimlerden olmuştunuz." (Bakara Suresi/51)

Yahudilikte Kabalizm bir mezheptir. Kabalistler, Hz. Musa Sina Dağı'nda vahiy alırken yanında gelen seçkin yetmiş kişiye Tevrat'tan çıkan sır ilmini (ilm-i ledün) öğrettiğini söylerler. Harfler ve sayı ilmidir.

Samiri adında bir kabalist heykeltraş tarafından altından yapılan bir buzağıya tapmaya başlarlar. İsrail kavmi daha önceden de Moloch isimli buzağı heykeline tapıyordur.

Yahudiler kral istediklerinde Hz. Samuel tarafından başlarına Talut (Saul) geçirilir. Hz. Davud Samuel'in yardımcısıdır. Saul güç sarhoşu olup, Filistinlilerle yapılan savaşta ölünce, yerine Hz. Davud geçer; sonra da Hz. Süleyman geçer.

Hz. Süleyman döneminde Yahudiler Davud ve Süleyman'ı peygamber olarak görmezler. Fakat Süleyman'a verilen ilme hayran kalırlar.

"Bina ustası olan ve dalgıçlık yapan her bir şeytanı, zincirlere bağlı olarak, diğerlerini de O'nun (Süleymanın) emrine verdik." (Sad Suresi/ 37-38)

Allah tarafından Hz. Süleyman'a verilen 6 köşeli yıldız, cinleri çağırmak ve kontrol etmek içindir. Yahudiler de bu tılsımı öğrenerek cinlere saraylar yaptırdılar. Cinler, mimaride Yahudilere ilham kaynağı oldular.

Kabala ile haşır neşir olan bir Yahudi grubu büyü konusunda uzmanlaşır, kitap yazar. Süleyman peygamber bu kitabı yaktırınca "Süleyman peygamber Moloch'a tapıyor!" diye iftira atarlar.

Allah'ın iftiracılara karşı indirdiği ayet şöyledir:

"Süleyman'ın mülk ve saltanatı konusunda onlar, şeytanların okuyup durduklarına uydular. Halbuki Süleyman küfre sapmamıştı. Ancak şeytanlar küfre sapmıştı. İnsanlara büyüyü öğretiyorlardı ve Babil'de harut, marut adlı iki melek üzerine indirileni öğretiyor. Oysa ki O iki melek, 'Biz bir imtihan aracıyız. Sakın küfre sapma' demedikçe kimseye bir şey öğretmiyorlardı. İnsanlar onlardan erkekle eşinin arasını açacak şeyi öğreniyorlardı. Ne var ki onlar onunla, Allah'ın izni olmadıkça hiç kimseye zarar veremezler. Onlar kendilerine zarar vereni yarar vermeyeni öğreniyorlardı. Yemin olsun ki onu satın alanın ahirette hiçbir nasibi olmayacağını açıkça bildirmişlerdir. Öz benliklerini sattıkları şey ne kötüdür. Bir bilebilselerdi!" (Bakara Suresi/102)

Babil'de öğretilen bu ilmi Yahudiler şeytanlar vasıtası ile çoktan öğrenmişlerdi. Hz. Süleyman'ın ölümünden çok sonra Yahudiler Irak'a sürgün edilir; içlerinde kabalist Yahudi hahamlarca Talmud kaleme alınır. Şeytan vahyi olan bu eserde, eşcinsel, ensest ilişki, zina, gasp, yalan birçok günahı Yahudi tarafına meşru görür, bütün milletleri köle (goyim), Yahudi kavmini dünyanın hakimi olarak görür. Talmud, Yahudilik inancının bir parçası haline gelmiştir.

Yahudiler Irak sürgününden dönünce, Süleyman'ın sarayını yeniden inşa etmek isterler. Pers kralı Kurüs kendilerine yardım eder. Süleyman'ın sarayını tekrar inşa ederler. Hz. İsa dönemine kadar Yahudilere birçok uyarıcı gelmiştir.

Hz. İsa da Yahudileri bu kötü alışkanlıklarından vazgeçirmeye uğraşınca, onu eyalet valisi Pontusa şikayet ederler. Ayrıca Yahuda isimli bir hain Hz. İsa'yı ispiyon eder, Allah Hz. İsayı göğe yükseltir. Onun yerine İsa suretinde birini gösterir. Çarmıha o kişi gerilir.

Hz. İsa'nın kavmine aşılamaya çalıştığı tevhid inancını, İranlı bir Yahudi-ferisi olan Pavlus aracılığı ile engellemeye çalışırlar.

Yeni Ahit'te ise, Hz. İsa onlara "Dikkatli olun, ferisilerin ve sadukilerin mayasından kaçının." der. (Matta:16/9)

Pavlus Hz. İsa'nın ölümünden sonra tevhidin karşısında yer alan Tanrı-Oğul-Kutsal Ruh gibi Teslis, vaftiz gibi öğretiler geliştirir. Hristiyanlığı, Paganizm, Mitraizm karışımı bir din olarak tesis eder.

Hz. İsa'nın doğum tarihi 25 aralık olarak belirtilir. Oysa ki bu tarih Güneş tanrısı Mitra'nın doğum günüdür. Yahudilerin Hanuka dedikleri ışık bayramı da aralık/kış ayının 25. Günü başlar. Ayrıca tüm güneşe tapan dinlerin, Yezidilerin, Zerdüştlerin bayramıdır. İngilizce Pazar Sunday (güneş günüdür).

Konstantin Roma'nın resmi dini olarak seçtiği din gerçekte Hristiyanlık olmayıp Mitraizm idi.

İsa'nın sözleri diyerek, kimin öğrencisi olduğu belli olmayan Matta, Markos, Luka, Yuhanna'nın söz ve öğretilerine yer verdiler.

Derman Hoca'nın anlattığına göre, Mitra mezhebine mensup bir heykeltraşın İsa peygamberin ölümünden 300 yıl sonra Roma'ya giderek Mitra heykelini Hz. İsa heykeli diye satar. Buradan da bir mitra mezhebi yayılır. 300 yıl sonra yazılan birçok İncil İznik mabedinde oluşturulan konsey tarafından seçilmiştir. İznik gölünün altında kalan bu mabed hâlâ gölün altında görülmektedir.

MS 70 yılında Roma imparatorluğu kendi putlarını Süleyman mabedine yerleştirince, Yahudiler ayaklanırlar. Roma askerleri tarafından sürülünce, Mısır, Afrika ve Avrupa'ya yayılırlar. 1948'de bölgeye tekrar dönerler.

1095'te Kabalist Vatikan Papası Urbanas Yahudilere saldırarak, Mescidi Aksa, Kubbetüs Sahra yakınlarına yerleşir. Yahudi hahamlardan Kabala'yı öğrenirler. Masonluk tohumları burada atılır.

1177'de Selahaddin Eyyubi ile yaptıkları savaşta mağlup olurlar ve Avrupa'ya dönmek zorunda kalırlar. Avrupa'da paganist ve ahlaki kurallara sahip Hristiyanlar, sapkın Vatikan papasını benimseyemeyince, İngiltere ve İskoçya'ya kaçarlar. Burada Çin gotik mimariyi uygularlar. Gotik mimaride çatının köşelerinde gargonat denilen heykeller vardır. Tarihte dayanıklı ilk gemiyi yaparak sömürge imparatorluğunu başlatırlar.

Bu dönemde Napolyon Malta krallığının hazinelerini gemi ile kaçırırken İngiliz gemisi yollarını keser. Hazine tapınakçılara verilir. 1717'de ilk mason locasını kurarlar. Artık politikada, hukukta, eğitimde, sanayide, ekonomide tüm kurumlara sızarak hakimiyet kurarlar. Avrupa'da lobicilikte, denizcilikte gelişip yeni sömürgeler ele geçirip zenginleşirler. Zenginliklerini arttırmak için kamuya borç verme esasına dayanan federal rezerv sistemi kurarlar. Devlet savaş sanayine harcama yaptıkça Mason bankerler zengin olur. Amerika kaostan kar politikası izler.

Şeytanın bir kısım Yahudiye çizdiği yol haritası, Tevrat'ın bazı bölümlerinde ve Talmut'ta Dünyaya hakim olmak adına bu Yahudi grubunu Kudüs'e ulaşabilecekleri bir bölgede toplamayı amaçlar. 2. Dünya savaşı sırasında, Mitraist/paganist Naziler, Avrupa Mason locaları, savaşı finanse eden Yahudi aileler ve ABD amaçlarına ulaşırlar.

Derman Hocam bir gün sordu. Dolar neden kımetlidir diye? Sonra yine kendisi şöyle cevap verdi. Çünkü üzerinde "Allah'a güveniriz -In God We Trust" yazar.

Türklere gelince; Milattan Önce 4.000'lerde Orta Asya'da yaşayan büyük bir felaketten sonra yaşadıkları yerleri terk edip, Mezopotamya'ya ve Rusya üzerinden Avrupa'ya gelen Aryanlar, yani dünyadaki en medeni olarak kabul ettiğimiz Ari ırktandırlar ve Avrupa'daki Finliler, Macarlar gibi bazı uluslar Türk kökenlidir. Ayrıca Anadolu'da büyük uygarlıklar kuran Hititler ve Asurlular'ın da Türk kökenli olma ihtimali yüksektir.

Milattan önce 3.500 yıllarında Mezopotamya'da yaşamış olan Sümerler ilk yazıyı bulan, toplumda adaleti sağlamak için ilk yasaları çıkaran ve mahkemeleri kuran, ilk para kullanan ve vergi toplayan, ilk okul açan ve tekerleği bulan medeniyettir.

Başörtüsü konusunda, Muazzez İlmiye Çığ, günümüzde kadınların kullandığı başörtüsünün Sümerler'de 'mabet fahişeleri' tarafından kullanıldığını söyler. Sümerler'in tanrıları kızdırmamak için mabetlerde düzenledikleri törenlerde mabet fahişelerinin diğer rahibelerden ayrılması için başörtüsü taktığını belirtir.

Sümerler dünya medeniyetinin başlangıç noktasıdır ve tarihçilerimizin araştırmalarına göre Türk kökenli insanlardır. Çünkü Sümerler o bölgenin yerli halkı değildirler; yani göçebedirler ve tarihçilerimizin araştırmalarına göre "kız" manasına gelen "kır" kelimesi, "öküz" manasına gelen "ökür" kelimesi gibi bugüne kadar çözülebilen 1000 civarında Sümerce kelime ve "Ayağını yere sıkı bas, Tatlı söz yılanı deliğinden çıkarır, Sel gibi silip süpürmek, Yağ gibi erimek" gibi yüzlerce atasözü bugün Türkçe'de kullanılmaktadır. Sümerlerin Ay Tanrısı'nın simgesi olan "Yarım ay", bugün Türk bayrağında kullanılmaktadır. Roma ve Yunan medeniyetleri Sümerlerden oldukça fazla faydalanmışlardır; mesela yapılarındaki süslemeleri ve tanrıları Sümer tapınaklarından gelir.

Fakat biz bunu örtbas etmek için, MÖ 2.000 yıllarında, yani Sümerlerden 1.500 yıl sonra başlamış olmasına ve Yunan medeniyetini, dünyadaki ilk medeniyet olarak dünyaya tanıttık. Daha da ilginç olanı, Yunanlılardan önce Mısır Medeniyeti başlamıştır; ama onlar da ancak Sümerlerden 1000 sene sonra piramitlerini yapabilecek uygarlık düzeyine gelebilmişlerdir. Mayalar ve İnkalar; Sümerlerden 2000 sene sonra ziguratlarını aynı biçimde yapmışlardır.

METAFİZİKTEN TASAVVUFA YOLCULUK

PEYGAMBERLERİN MUCİZELERİ

Kur'an-ı Kerim'de adı geçen peygamberler çoğu zaman mucizelerle anılır.

Hz. Adem'in Mucizesi

Çamurdan yaratılan ilk insan. Tüm insanların babasıdır. Yırtıcı, vahşi hayvanlarla konuşur, susuz dağ ve taşlara elini vurunca, pınarlar fışkırır, temiz sular akardı. Eline aldığı ufak taşlar, yüksek sesle Allah'ı zikrederdi. Adem Aleyhisselam'ın yaratılması, cennette kalması, cennetten çıkarılarak yeryüzüne indirilmesi, Kur'an-ı Kerim'de çeşitli ayet-i kelimelerde bildirilmiştir.

Hz. Elyesa'nın Mucizesi

Eriha şehri ahalisinin içme suları acılaşınca bunu duyan Hz. Elyesa, acılaşan suyun içine bir parça tuz atıp, "Tatlı ol!" demiş. Bunun üzerine su, tatlı ve lezzetli olmuş. Borçlu ve dul bir kadın, Hz. Elyesa'ya fakirliğinden şikayetçi olmuş. Hz. Elyesa, fakir kadına; "Evinde neyin var?" diye sormuş. "Bir kaşık kadar yağım var." cevabını alınca, "Git o yağı bir kabın içine koy." demiş. Fakir kadın, yağı bir kabın içine koymuş. Yağ bir anda artmaya başlamış. O kadar fazla yağ birikmiş ki evdeki tüm kaplar yağ ile dolmuş. Fakir kadın, bu sayede borçlarını ödemiş hatta sattığı yağ sayesinde zengin olmuş.

Hz. Eyyüb'ün Mucizesi

Hz. Eyyüb, ayağını yere vurmuş, yerden biri sıcak, biri soğuk iki pınar fışkırmış. Sıcak suda yıkanınca bedenindeki, soğuk sudan içince ise, içindeki hastalıklardan kurtulmuş. Kuvveti geri gelmiş, gençleşmiş. Elinden alınmış olan mallarını Allah Hz. Eyyüb'e geri iade etmiş. Çok sayıda çocuğu olmuş. Hatta ölmüş olan oğlu dahi dirilmiş. Hz. Eyyüb'ün duası bereketi, koyunların yünleri ibrişim olurmuş.

Hz. Eyyüb'ün kavminin hakimini imana davet ettiği zaman yaptığı dua da duyanları şaşırtıyor. Kavmi kendisine inandırmak için dua eden Hz. Eyyüb; "Senden mucize olarak evimin direkleri kalksın ve evim havada dursun isterim." demiş. Hz. Eyyüb dua etmiş ve sonunda evin direkleri düşmüş ve ev yıkılmadan havada kalmış. Hz. Eyyüb'ün duası ile çöldeki seraplar ve dumanlar su olurmuş.

Hz. Hızır'ın Mucizesi

Hızır, otsuz kuru bir yerde oturduğunda, o yer bir anda yemyeşil olurmuş. Öldükten sonra bile ruhu insan şeklinde görünüp gariplere yardım edermiş.

Hz. Hud'un Mucizesi

İnanmayan kimseler, Hud'a "Rüzgarı istediğin tarafa çevir." demişler. Hud dua etmiş. Allah da ona; "Ne tarafa istersen elinle işaret et." demiş. Hud, elini kaldırmış ve rüzgar o yönden esmeye başlamış. Büyük kayaların toprak olmasını istemişler. Hud'un duası ile bu da olmuş. Bu mucizeleri gördükleri halde hâlâ inanmayan topluluk bu kez de koyunların yünlerinin ipek olmasını istemiş. Hud bir kez daha dua etmiş ve koyun yünleri ipek haline gelmiş.

Hz. İbrahim'in Mucizesi

Hz. İbrahim'in vücuduna ateş tesir etmezmiş. Nemrud onu ateşe attığında Allah; "Ey ateş! İbrahim üzerine serin ve selamet ol!" buyurunca ateş onu yakmamış.

Cansız olan, parça parça edilmiş ve parçaları ayrı yerlere konmuş dört kuş, Hz. İbrahim'in çağırmasıyla yeniden dirilmiş.

Hz. İbrahim'in mucizesi ile taşlar kömür gibi yanmış.

Bazen yırtıcı ve yabani hayvanlar İbrahim ile birlikte yol alır ve dile gelerek onunla konuşurlarmış. Bir defasında hanımı Hacer ve oğlu İsmail ile görüşmek ve onları ziyaret etmek için Mekke'ye gitmiş. Şam'a geri dönüşünde birçok yabani hayvan İbrahim ile beraber yürüyüp, açıkça konuşmuşlar.

İbrahim duvarın da, dağların da arkasını görürmüş. Bu mucizesi, Mısır'a gittiğinde karısı Sare'yi Firavun'a "Kardeşimdir" diye tanıtınca Firavun, Sare'yi sarayına almış. İbrahim dışarıdan içeriyi seyretmiş. Sarayın duvarları ona cam olmuş ve gözündeki perde kalkmış. Böylece Sare'ye el uzatmaya kalkan Firavun'un elleri kuruyup, ayakları tutmaz hale gelmiş. Firavun bir anda yere yığılmış.

İbrahim'in bastığı taşın üzerinde ağaç bitip yeşerirmiş, oturduğu yerden güzel kokular yayılırmış. Ayrılsa bile senelerce güzel kokusu oradan çıkmazmış.

Hz. İsa'nın Mucizeleri

Beşikteyken konuşmuş. Dört ölüyü diriltmiş. Doğuştan kör olanlar görmeye başlamış. Cilt hastalığı olanlar hastalığından kurtulmuş. Eliyle dokunduğu tüm hastalar hemen hastalıktan kurtulmuş. Kavminin yedikleri veya yemek için sakladıkları şeyleri bilirmiş. Çamurdan kuş yapıp üzerine üfleyince canlanıp uçarmış. Hz. İsa, ellerini kaldırıp dua etmiş, ekmek ve etle dolu bir sofra inmiş gökyüzünden. Hz. İsa, uykudayken yanında her konuşulanı ve yapılanı fark edermiş. Ne zaman isterse ellerini göğe kaldırıp dua edermiş ve o an yemek ve meyveler önüne gelirmiş. Hz. İsa, Yahudiler'den uzak olduğu halde sözlerini ve gizli hallerini bilirmiş.

Hz. İshak'ın Mucizeleri

Hayvanlar açık dille O'nun peygamberliğine şahadet ederlermiş. Dua etmesiyle koca dağ yürümeye başlamış. Hz. İshak eşeğine binip bir dağa çıkmak isteyince, eşeğin ön ayakları kısalır, arka ayakları uzarmış. Dağdan aşağı inerken de tersi olurmuş. Hz. İshak dua bereketiyle ölmüş hayvanları diriltmiş. Elini, sırtına koyduğu bir koyun, hemen kuzulaşmış ve art arda 9 kez yavrulamış.

Hz. İsmail'in Mucizeleri

Dikenli ağaçlardan çeşitli meyveler bitmiş. Cürhümleri (Kahtanilere mensup bir Arap kabilesi) imana davet ettiği zaman, onlar kısır koyundan süt çıkarmasını istemişler. O da elini koyunun sırtına koyarak; "Beni peygamber olarak gönderen Allah'ın ismi ile..." dediği anda koyunun memelerinden süt akmaya başlamış. Hz. İsmail'in duası, bereketi ile koyunların yünleri ipek olmuş. Üstelik sayıları da çoğalmış. Kendisine misafir gelen iki yüz Yemenli'ye ikram edecek bir şey bulamayınca çok mahçup olmuş. O anda dua etmiş ve yanındaki kumlar un olmuş.

Hz. Lut'un Mucizeleri

Hz. Lut, göğü işaret edince, yağmur yağmaya başlarmış. Duası ve bereketiyle otsuz bir dağda ot bitmiş. Taşlar, çakıllar ve kum taneleri Lut ile konuşmuş. Kavmi, ona eziyet vermek için üzerine ufak taşlar atarmış. Allah'ın koruması ile hiçbiri ona dokunmazmış. Üzerine yattığı taşlar döşek gibi yumuşak olurmuş. Hz. Lut, çok uzak yerlerde olan olayları görüp haber verirmiş.

Hz. Zekeriya'nın Mucizeleri

Kalemleri kendi kendine Tevrat'ı yazarmış. Hz. Zekerriya, Meryem'i terbiyesi altına aldığı vakit, yazılması lazım gelen kefaletnameyi hokkasız yazarmış. Hz. Zekeriyya'nın diviti (kalemi) su üstünde kalırmış, suya batmazmış. Ağaçlar, Hz. Zekeriyya'yla konuşurlarmış. Hz. Zekeriyya su üzerinde yürür ve ayakları ıslanmazmış. Kendisi için suda yürümekle karada yürümek arasında bir fark yokmuş. Hz. Zekeriyya'dan mucize istendiğinde yakınındaki ağaçlara eliyle işaret etmiş, ağaçlar köklerinden kopup önlerine gelip kalırlarmış.

Hz. Yusuf'un Mucizeleri

Hz. Yusuf'un konuşması pek şirin olduğu için herkesin kalbi ona meyledermiş. Hz. Yusuf'un yüzü güneş gibi nurluymuş. Hatta bir kimse yüzüne bakmak istese hemen gözlerini çevirmeye mecbur olurmuş. Bu nurun tesiriyle, yani başkasına sırayet ile huzuruna getirilen körlerin gözleri hemen görmeye başlarmış. Hz. Yusuf, ağaç yapraklarını en pahalı kumaşa çevirirmiş.

Hz. Yuşa'nın Mucizeleri

Hz. Yuşa, Ürdün Nehri'ni ikiye bölmüş. Bir şehri fethetmeye gittiğinde duasıyla o kentin kale duvarları kendiliğinden yıkılırmış. Hz. Yuşa, Kudüs şehrini fethetmek için savaştayken bir cuma günü güneş batarken güneşin batmaması için Allah'a yalvararak; 'Ey Allah'ım! Güneşi geri al!' demiş. Bir müddet daha güneş batmamış, gündüz devam etmiş ve Kudüs fethedildikten sonra batmış.

Hz. Yunus'un Mucizeleri

Hz. Yunus, balığın karnında 3, 7 veya 40 gün yaşarmış. Hz. Yunus'un duası bereketiyle bulutlardan ateş çıkarmış. Hz. Yunus'un duasıyla dağdan su çıkarmış.

Hz. Yunus, peygamberliğini kanıtlamak için insanlara dağı işaret etmiş. Dağdan çıkan koca bir kertenkele dile gelmiş. 'Ey insanlar! Biliniz ki, Hz. Yunus Hak Peygamber'dir. Sizi Cennete, Rabbinizin mağfiretine davet ediyor.' diye konuşmaya başlamış.

Hz. Yunus, elini kapının halkasına koymuş. Demir halka altın olmuş. Hz. Yunus, odun olmadığı halde su üstünde ateş yakmış.

Hz. Yunus, güzel sesli olduğundan tatlı sesli vahşi ve yırtıcı hayvanlara da tesir eder, onu dinlemek için etrafında toplanırlarmış.

Hz. Muhammed'in Mucizeleri

Hz. Peygamberimiz bir hadisinde "Hiçbir peygamber yoktur ki, onlara kendi zamanlarındaki insanların inandıkları bir mucize verilmemiş olsun. Hepsine mucizeler verilmiştir. Bana mucize olarak verilen ise Allah'ın bana vahyettiği Kur'an-ı Kerimdir." demiştir.

Ay'ın yarılması mucizesi (Ay'ın İkiye Bölünmesi): Ayın ikiye bölünmesi mucizesini Kur'an-ı Kerim, kıyamet zamanının yaklaşma alametlerinden sayar. Ve şöyle buyrulmuştur: "(Kıyamet) Saat(i) yaklaştı, Ay yarıldı. Fakat onlar (Kureyş müşrikleri), herhangi bir mucize görseler hemen yüz çevirirler ve; 'Bu, süregelen bir büyüdür' derler." (Kamer:1/4)

İsra ve Mirac mucizesi: İsra; gece yolculuğu demektir. Ayette ise "ba"harfi cerriyle kullanıldığı için "Gece yürütmek" demektir. Mirac ise "Yükseğe çıkmak merdiven" demektir. Konu ile ilgili olarak; "Noksanlıklardan uzak olan O Allah ki, bir gece kulunu (Muhammed AS) Mescid-i Haram'dan çevresini mübarek kıldığımız Mescid-i Aksa'ya yürüttü. O'na ayetlerimizden bir kısmını gösterelim diye. Gerçekten O Allah işiten ve görendir." (İsra:1)

Peygamberimizin mübarek ellerinden suların akıtılması mucizesi: Peygamberimizin parmaklarından suyun akması mucizesi bir defa değil, pek çok defa meydana gelmiştir.

Yemeğin bereketlenmesi - çoğalması mucizesi: Enes İbni Malik'ten: "Ebu Talha Ümmü Süleym'e hitaben 'Yanında yiyecek bir şey var mı?' dedi. Ümmü Süleym: 'Evet var' dedi ve arpadan yapılmış birkaç ekmek külçesini bir bohça ile dürdü ve bohçayı da elimin altına sardı. Beni Resulullah'a gönderdi. Ben de bunu götürdüm, Resulullah'ı mescitte buldum. Beraberinde insanlar vardı. Bana 'Seni Ebu Talha mı gönderdi?' diye sordu. Ben 'Evet' dedim. Resulullah 'Yemek sebebiyle mi?' dedi. Ben de 'Evet' dedim. Resulullah beraberindekilere hitaben 'Kalkınız' buyurdu. Nihayet evimize geldik. Ben, durumu Ebu Talha'ya hemen bildirdim. O da, Ümmü Süleym'e 'Ya Ümme Süleym Resulullah insanları getirmiştir. Halbuki onları doyurabileceğimiz bir şey yoktur.' dedi.

Ümmü Süleym de 'Allah ve Resulü en iyi bilendir.' dedi. Resulullah, Ebu Talha ile geldi ve 'Ya Ümme Süleym, yanınızda ne varsa getir.' buyurdu. O da ekmekleri getirdi, küçük bir yağ tulumuyla yağ sıkarak katık yaptı. Sonra Resulullah dua etti ve 'On kişi için izin ver.' dedi. Böyle böyle topluluk yetmiş yahut seksen kişiydiler herkes doydu, yemek de hiç eksilmedi." (Sahih-i Buhari Terc.Kitabü'l-Menakıb)

Yağmurun hemen yağması mucizesi: Enes(ra) şöyle demiştir: "Resulullah zamanında Medine'de bir kıtlık oldu. Bir cuma günü Resulullah cumadayken bir adam geldi ve 'Ya Resulullah atlarımız, koyunlarımız helak oldu. Allah'a dua etseniz de bize yağmur verse.' dedi. Resulullah hemen ellerini açtı, dua etti. Gökyüzü açık iken birden rüzgar esti, bulutlar toplandı ve hemen yağmur yağdı, evlerimize zor gittik."

Hurma kütüğünün inlemesi (ağlaması) mucizesi: Cabir'den rivayet edilen bir hadis şöyledir: "Resulullah cuma günleri bir hurma kütüğüne yaslanır öyle hutbe verirdi. Ensardan bir kadın 'Ya Resulullah, size bir minber yaptırayım mı?' dedi. Resulullah: 'İsterseniz yaptırın.' dedi. Resulullah'a minber yapıldı, cuma olunca Peygamberimiz minbere çıkınca Hurma Kütüğü bir çocuk gibi ağladı. Resulullah minberden inip onu kucaklayınca sustu.

Zehirlenmiş keçi etinin zehirli olduğunu haber vermesi mucizesi.

Savaşta gözü çıkan sahabiye gözünü yerine koyarak şifa bulması mucizesi.

Emre İtaat Eden Ağaç Mucizesi: Kadı İyad'ın Şifa-i Şerif adlı eserinde, Abdullah b. Ömer'den rivayet edilen bu olay şöyledir:
Bir sefer sırasında Peygamberimizin yanına bir bedevi gelir. Peygamberimiz ona "Nereye gidiyorsun?" diye sorar. O da "Ailemin yanına." der. Resulullah "Ondan daha güzel bir hayır istemez misin?" buyurur. "Allah'tan başka ilah olmadığına, O'nun eşi ve ortağı olmadığına ve Muhammed'in O'nun kulu ve Resulü olduğuna şehadet etmendir." der.
Bedevi ise: "Buna kanıt şahit nedir diye sorar. Peygamberimiz "Vadi kenarındaki şu ağaçtır git o ağaca 'Resulullah seni çağırıyor' de." Bedevi anlatır; sonra ağaca işaret etti ve ağaç,

kökleriyle sürünerek geldi. Ve "Selam sana ey Allah'ın Resulü." dedi. Resulullah ağaca emretti ve ağaç yerine gitti.

MANEVİ HİKAYELER

Hakiki Mümin

Derman Hocam anlatmıştı: Erzurumlu İbrahim Hakkı Hazretlerinin Şakir ve Zakir adında iki oğlu vardır. Zakir adı gibi sürekli Hakk'ı zikirle meşgul salih bir evlattır. Şakir ise meyhaneden çıkmayan, ayık dolaşmayan biridir. Bir gün İbrahim Hakkı Hazretleri Zakir'i alır yanına birlikte bir yere gideceklerini söyler. Giderlerken bir meyhanenin önünde Zakir'e beklemesini söyler, içeri girer. Oğlu Şakir masa başında sızmıştır. Meyhaneciye, oğlunun ne kadar borcu olduğunu sorar ve tüm borcu kapatır, dışarı çıkar ve Zakir'le beraber yola devam ederler.

Babasının meyhaneden çıkmasının ardından Şakir uyanır, içtiklerinin borcunu ödeyip kalkacaktır. Meyhaneci, "Borcun yok, baban ödedi." dediğinde, müthiş bir haya duygusu kaplar benliğini ve peşlerine düşer. İbrahim Hakkı Hazretleri ve Zakir bir uçurumun kenarındadır ve babası oğluna:

-Kırklar'dan biri vefat etti, atla, kırklara karışasın, der.

Zakir, onca ilme ve babasına duyduğu saygıya rağmen bir an tereddüt eder ve atlayamaz.

Tam o anda Şakir uçurumun kenarına gelir.

-Hakkını helal et baba, bismillah, der ve atlar. Zakir'in şaşkınlığı arasında, Erzurumlu İbrahim Hakkı Hazretleri o meşhur sözünü söyler:

Hakkı gel sırrını eyleme zahir,
Olmak ister isen bu yolda mahir,
Harabat ehlini hor görme şakir,
Defineye malik viraneler var.

Derman Hoca'nın anlattığı diğer bir hikaye;

Ümmi Eymen, anamdan sonra ikinci anamdır dediği yaşlı, zayıf bir kadındır. Kızını görmek için Resulullah'tan izin alarak, Medine'den Mekke'ye çölde yürürken çöl haydutları su ve erzağını alıp, dövüp çölde bırakmışlar. Mekke'ye vardığında ise, şehre sokmamışlar. Çölde geri dönerken yorgunluktan yığılıp, Rabb'ine "Ya İlahi bu dudaklar senin habibinin elinden su içmiştir. Son nefesimde bunları kurutma ki senin Celilini haykırayım, selam götüreyim Medine'ye" deyince, içinde buz gibi su olan billur bir kase tutan iki el çıkar. Bu suyu kana kana içer. Bu hadiseden sonra Ümmi Eymen 8 sene yaşar ve hiç susamaz. Halbuki susuz insan 5 günden fazla yaşayamaz. Bu cennet suyundandır. Bu sudan içen başka su aramaz. İnanmayan ise manda gibi su içse, ne kanar ne de susuzluğu gider.

Derman Hoca'nın annesinin anlattığı bir başka hikaye de Gümüşhane'nin 40 haneli Hedre köyünde geçer. Köyde lakapları ile ayrılabilen yedi Memedler varmış. İçlerinden Koca Mehmet ve kardeşi Hasan'ın hikayesinde, Mehmed kapıyı aralayıp namaz kılan kardeşi Hasan'a baktıktan sonra "Hay kardeş hay!" diyerek gülmüş. Hasan namazdan sonra anasına; "Ağam neden güldü benimle alay mı etti?" diye sorunca, anası "Yok oğul yok. O alay etmeyi bilmez. Namazda seninle namaz kılan melekleri gördü de sevindi. Ondan güldü." demiş. Hasan "Peki ben neden görmüyorum, ağam görüyor?" diye sorunca, anası iç çekerek "Oğul kabahat sende değil bende! Bir gün sana abdestsiz süt vermiştim." demiş.

Kimseyi Hor Görmemek Gerek

Anadolu'nun bir köyünde eskicilik ve ayakkabı tamirciliği yapan bir Hasan Usta varmış. Gözlüğünün bir sapı yokmuş, iplikle bağlar, kulağına takarmış. Köylüler Hasan Ustayı köy camisinde görmedikleri için hor bakarlarmış.

Müftünün köye geldiği gün Hasan Usta vefat etmiş. Hasan Ustanın karısı kahvehanede oturan müftü ve köy imamına haber vermiş. İmam "Ne yıkarım ne de namazını kılarım." deyince, müftü sebebini sormuş. İmam ve ahali Hasan Usta'nın camiye gelmediğini söyleyince müftü de "Siz bilirsiniz." demiş.

Kadıncağız çaresiz evde 3 gün kalan Hasan Usta'yı çuvalla sırtlayıp orman kenarına gömmeye niyetlenmiş, yolda Çoban Osman'a rastlamış. Durumu dinleyen Çoban Osman küreği alarak Hasan Usta'yı gömmüş. Ertesi gün sabah namazı sonunda müftü "Ey cemaat, durun biraz anlatacaklarım var. Rüyamda Hasan Usta'yı Resulullah'ın önünde diz çökerken gördüm. Bu işte bir hata olmalı!" deyince bütün cemaat aynı rüyayı biz de gördük demiş. Onun üzerine Hasan Usta'nın karısına giderek sormuşlar. "Müftü efendi kocam 40 senedir namaz vakitlerini kaçırmazdı. Evde kılardı. Niçin camiye gitmediğini bilmiyorum." demiş. Sonra Çoban Osman'a gitmişler. Israrla sorunca ne okudun diye, o da şöyle demiş: "Ben dua bilmem. Ormanda tek gözlü kulübeme misafir gelir süt veririm, varsa yumurta, yağ, ekmek veririm. Bir gece kalır ertesi gün uğurlarım. Onlar Tanrı misafiridir. Ben Tanrı misafirine böyle yapıyorum. Bu da sana misafir geldi. Ne yaparsan yap dedim. Döndüm."

Bugün Tanrı misafirliği büyük şehirlerde kavram olarak unutuldu. Belki küçük yerlerde hâlâ devam ediyordur.

Evliya Çocuk

Derman Hoca'nın öğrencilerinden Sabri Tandoğan bey anlatıyor:

Yaşlı bir adamın hastalığına çare bulunamayınca, kendisine evliya denilen birinin adresini vermişler. Söylenenlere göre en ağır hastalar o zatın duasıyla iyileşebiliyormuş. İhtiyar adam verilen adresi çaresizlik içinde cebine atıp doktorun yanından ayrıldığında, sokağın köşesinde simit satan 6-7 yaşlarındaki bir çocuğa rastlamış.

Çocuk son derece masum gözlerle kendisine bakıyor ve onu tanıyormuş gibi gülümsüyormuş. Adam, o yaştaki çocukların tamamen günahsız olduğunu düşünerek yoluna devam ederken, aniden durmuş. Simitçinin üzerindeki eski tişörtün üzerinde bir "E" harfi yazılıymış. Ve bu "E" mutlaka evliyanın "E" si olmalı diye düşünmüş... Aradığı evliyaya bu kadar çabuk ulaşmanın heyecanıyla yanına gidip bir simit aldıktan sonra;

"Doktorlar benim hasta olduğumu söylediler. İyileşmem için bana dua eder misin?" Çocuk bu teklif karşısında şaşırmış. Kafasını olur der gibi sallarken;

"Ben de sık sık hastalanıyorum." diye karşılık vermiş. "Ama dedem, Allah'a inananların ölünce yıldızlara uçtuklarını ve orada cenneti seyrettiklerini söylüyor. Bu yüzden korkmuyorum hastalıklardan."

Adam içinin bir anda ferahladığını hissetmiş. Onun soğuktan moraran yanaklarına bir öpücük kondururken;

"Deden çok doğru söylemiş. Ama ben yine de yardım istiyorum senden."

Çocuk, duasının kıymetini anlamış gibiymiş. Karşı kaldırımdan geçmekte olan baloncuyu gösterek;

"Size dua edeceğim. Ama eğer iyileşirseniz, bana 10 tane balon alacaksınız, tamam mı?" demiş. Bu sefer adam başını sallamış. Fakat çocuk bu kadar büyük bir hazineyi istemekle haksızlık yaptığına hükmetmiş. Mahcubiyetten kızaran yanaklarını elleriyle örtmeye çalışırken;

"Uçan balon almanıza gerek yok," diye devam etmiş. "Normalinden 10 tane istemiştim."

Adam elini uzatarak çocukla tokalaşmış. Anlaşma nihayet yapılmış, ayrıntılara geçilmiş. Buna göre hastalıktan kurtulması halinde 6 ay sonraki ramazan bayramında çocukla buluşacak ve herhangi bir sebeple gelemediği takdirde, önceden hazırlanan balonların ona ulaşmasını veya postalanmasını sağlayacakmış.

Adam küçük çocuğun adını ve adresini bir kâğıda yazdıktan sonra, başını okşayarak onunla vedalaşmış. Aradan soğuk bir kış geçip ramazana ulaşıldığında, adamın hastalığından eser bile kalmamış. Hayata tekrar dönmenin sevinciyle en güzel balonlardan bir paket hazırlamış ve bayramın ilk gününü iple çekerek randevu yerine gitmiş. Küçüklerin cıvıl cıvıl kaynaştığı bayram yerindeki diğer simitçiler, çocuğu tanımıyormuş. Adam onu biraz ilerdeki bakkala sorduğunda, dükkan sahibi;

"Ciğerleri hastaydı yavrucağın, Geçen hafta aniden ölüverdi." demiş.

Adam bir anda beyninden vurulmuşa dönmüş. Koşar adımlarla orayı terk ederken, önüne çıkan ilk baloncuya bir tomar para uzatıp;

"Şu uçan balonlardan 10 tane istiyorum. Çabuk ol, gecik-meden ulaşmalı yerine."

Adam, satıcının aceleyle uzattığı balonların iplerini birbiri-ne düğümledikten sonra, onları besmeleyle gökyüzüne bırak-mış. Bayram yerindeki herkes gibi baloncu da şaşırmış. Sonun-da dayanamayıp sormuş;

"Ne yaptığınızı anlayamadım. Neden bıraktınız onları öyle?"

Adam, nazlı nazlı yükselmekte olan balonları buğulu gözler-le takip ederken;

"Onları bekleyen küçücük bir dostum var." diye mırıldan-mış. "Hem de evliya gibi bir dost. Balonları adresine postala-dım sadece."

Dr. Haluk Nurbaki'den Bir Hatıra

Yusuf isminde bir genç bizzat yaşadığı bir olayı anlatır Dr. Haluk Nurbaki Bey'e:

Yusuf oldukça varlıklı bir ailenin çocuğudur, babası da gani gönüllü bir adamdır. Yusuf yedi yaşında küçük bir çocukken mahallelerine bir derviş taşınır. Bunun üzerine babası maddi durumunu dikkate alarak bu dervişe bakmakla kendini yü-kümlü addeder, ancak dervişin yardım kabul etmediğini öğ-renince yemek gönderme işini Yusuf'un üstlenmesini ister. Bu süreçte Yusuf'la derviş arasında bir dostluk başlar.

Bir gün derviş baba Yusuf'a bir deve yapma önerisinde bu-lunur. Yusuf'un sevinçle kabul etmesi üzerine "ama" der "bir şartım var", "evden sana ait olarak alınan çerezlerden getire-ceksin her gün bana, deveyi onlardan yapacağız, evdekiler bil-meyecek, eğer çerezleri baban gönderirse deveyi de babana ya-parım." Anlaşırlar. Yusuf her geliş gidişte çerezleri götürür ve devenin tamamlanıp tamamlanmadığını sorar. Nihayet altı ay sonra derviş baba, "Evlat, deven iki gözü dışında hazır, yarın gelirken iki tane badem getir onları da takalım, deven tamam olsun Yusuf sevinçten sabahı zor eder, cebine koyduğu iki bademle soluğu sabahleyin derviş babada alır. Ancak ne görsün? Derviş baba dünyasını değiştirmiştir. Bir yandan derviş babanın Hakk'a göçmesi, bir yandan devenin ortada kalan hayali Yusuf'u çok etkiler, üzer.

Aradan uzun yıllar geçer, Yusuf on dokuz yaşlarında iken şizofreniye yakalanır. Kendi kendine yemek yiyemez olur. Akıl hastanesine yatırırlar, bakıcı tutulur ancak Yusuf orada ağır bir zatürreye yakalanır. O zamanlar bu durum tıbbın imkansızlarındandır ve doktorlar zatürre komasındaki Yusuf'un babasına "Oğlun dünyasını değiştirdi, gel al." diye haber gönderir. Bu arada cereyan eden olayların farkında bile değildir Yusuf. Ancak koma halindeyken bir rüya görür. Zaten hatırladığı şeyler de bundan sonrasına ait olacaktır. Rüyasında bir siluetin kendisine yaklaştığını görür. Bir de bakar ki Derviş Baba, bir devenin yularından tutmuş geliyor. "Yusuf", der Derviş Baba, "işte deveni getirdim." Ve Yusuf'u deveye bindirir. Yusuf'un o an dikkatini çeken bir şey olur, devenin her iki gözü de eksiktir. Adeta Derviş Baba Yusuf'a "Evlat bu senin için çocukken senin getirdiğin çerezlerle yaptığım deve." demek isemektedir. Yusuf gözlerini açtığında kendini etrafı doktorlarla çevrili bir hastane yatağında bulur, yükselen ateşi düşmüş, terden sırılsıklam bir haldedir ve neden orada olduğu hakkında da hiçbir fikri yoktur.

Doktorlar bu durumu büyük bir şaşkınlık içinde "Biz böyle bir şeyi ne gördük ne duyduk, olacağı varmış, oldu." diyerek hayretle karşılarlar. Oğlunun cenazesini almaya gelen baba onu sağ salim eve götürür. İşin ilginç yanı Yusuf'ta zatürreden de, şizofreniden de eser kalmaz.

Bu olayı yaşayan ve Rahmetli Doktor Sayın Haluk Nurbaki Bey'e de bizzat anlatan Yusuf'un bu olayla ilgili yorumunu kendisinden dinleyelim:

"Derviş Baba, ben yanına hizmet etmeye gittiğim zaman kaderimdeki şizofreniyi gördü, bana iyilik yapmak istedi. Ama bu iyilik kaderimi değiştirmek şeklinde olamazdı. Resulullah Efendimizin 'Sadaka ömrü tezyid eder.' emrini aldı ve bana sadaka verdirdi, sadaka sırf bana ait olsun diye 'Baban göndermesin.' dedi. Ve ekliyor, "Ben o olaydan sonra bir gün namazımı terk etmedim, Derviş Baba maddeyle beraber manada da dirilmeme vesile oldu."

"İyilik yap denize at, balık bilmezse Halik bilir." Hayatın değişmeyen kanunlarından biri etki tepki olayıdır. Hayatta her şeyin bir karşılığı vardır. Yapılan her iyilik kainatın bütün zerreleri tarafından idrak edilir. Bu kanun hiç değişmeden kıyamete kadar hükmünü yürütecektir. Bizler de yaşadığımız her günü, her saati, her dakikayı iyilik yapmak için bir fırsat kabul edelim. İnsan, hayvan, bitki, eşya veya cemadat ne olursa olsun elimize geçen her fırsatı iyilik yapmak için değerlendirelim. Unutmayalım ki bazan sıcak, temiz, içten bir tebessüm, gönülden söylenilmiş bir kelime bir insanı intihardan döndürebilir. Son nefesimize kadar elimizden geldiği, gücümüzün yettiği kadar hayır ve iyilik yapalım. İnsanlar arasında ayrım yapmayalım. Her insan bizim kardeşimizdir. İlahi varlıkta bir tecellidir. Onu sevgiyle, saygıyla selamlayalım.

Recm

Devir, Hazreti İsa devri. Hz. İsa'ya inanan iki insan yolda gidiyorlar, biraz ötede onları rahatsız eden bir durumla karşılaşıyorlar. Yolda bir kadın ve bir erkek aleni sevişiyorlar. İki inanmış insan rahatsız oluyor ve karar veriyorlar; kadını recm edelim. Yanlarına yaklaşırken erkek kaçıyor, kadını yakalıyorlar. Taşla öldürecekler, fakat aralarında bir ihtilaf çıkıyor; ilk taşı kim atacak. Onların kanaatine göre ilk taşı kim atarsa o daha çok sevap kazanacak. İkisi de ilk taşı atmak için münakaşaya başlıyorlar. Biraz sonra münakaşa büyüyor, büyüyor ve birbirlerini boğazlayacak hale geliyorlar. Onun üzerine daha uyanık olan birisi kavgayı kesiyor ve "Bak kardeşim" diyor, "bu böyle olmayacak, iyisi mi Hz. İsa'ya gidelim, durumu anlatalım. O hangimize ilk taşı at derse öyle hareket edelim." olayı kapatalım. Ve kadını da sürüyerek Hz. İsa'ya geliyorlar. Hz. İsa onları dinledikten sonra "İçinizde," diyor "kim hayatı boyunca hiç günah işlememişse ilk taşı o atsın". Birden ikisinin de elindeki taşlar yere düşüyor ve hiçbir şey söylemeden uzaklaşıp gidiyorlar. Kadın şaşkın, perişan "Efendim, özür dilerim, beni affedin ve lütfen evladınız olmama müsaade edin." diyor. Onun üzerine Hz. İsa "Gel yavrum" diyor, "seni Meryem Anneme götüreyim. Beraber Hz. Meryem'e gidiyorlar. Meryem sevgi ve şefkatle "Hoşgeldin kızım" diyor, onu yıkıyor, temizliyor, temiz elbiseler giydiriyor. "Sen artık bu evin kızı oldun." diyor.

Vatikan'da gezerken görmüştüm. Üzerinde altın harflerle en büyük Hristiyan velilerinin isimlerinin olduğu büyük bir mermer levha vardı. En baştaki isim de; Maria Magdalena. Maria Magdalena olayın kahramanı olan, o taşlanmak istenen hanım. Hz. Meryem ve Hz. İsa ona yardımcı oluyorlar, noksanlarını tamamlıyorlar. Bir gün geliyor o kızdan hayatını hayra, iyiliğe, güzelliğe adayan bir müstesna insan ortaya çıkıyor.

Evliyalar Ölmez.

Gerçekten de evliyalar ölmüyor. İşte Hacı Bayram Veli! Aşağı yukarı 546 yıl evvel, Ankara'da, bu dünyadan, öteki dünyaya göçmüş... Beş yüz kırk altı yıl bu! Dile kolay... Ankara'da, anasının, babasının mezarını bilmeyen çok insan vardır. Hacı Bayram'ı bilmeyen, bir kere türbesinin önünden geçmeyen, bir defa işi düşüp de kapısına yapışmayan bir Ankara'lı düşünülebilir mi? Daha, türbeler kapatılmadan evveldi... Solfasol köyünden çok temiz, çok saf bir genç, askere gidiyormuş. Babasından kalma birkaç altını, anasından kalma birkaç mücevheri varmış. Delikanlının derdi asker dönüşü evlenmek. Servetini içine koyduğu küçük sandığını emanet edeceği, güvenip, bırakacağı kimseciği de yokmuş. Düşünüyor, taşınıyor, acaba ne yapsam, diye sızlanıyormuş... Derken, bir gece rüyasında Hacı Bayram'ı görmez mi? "A! be Selimcik, ne düşünüp duruyorsun getir sandığını, bana bırak!"

Selim oğlan, ertesi günü, sevine sevine Ankara'ya geliyor, doğru türbedarın önüne dikiliyor, hal, keyfiyet böyle, böyle... diye meseleyi anlatıyor. Türbedar da uyanıklardanmış, gece o da haberini almışmış. Getiriyorlar sandığı, Hazretin başucuna bırakıyorlar. Sandık deyince, öyle koca bir şey sanılmasın, ancak bir çanta kadar.

Delikanlı askere gidiyor; gidiyor ama dönmek bilmiyor. Yemen ellerinde Uveys El-Karani gibi... Gez babam gez. Tam sekiz yıl!

Bu sekiz yıl içinde ahval değişmiş, türbedar ölmüş. Yeni gelen, Bayram Velî'nin başucundaki bu acayip sandığın hikmetini bir türlü anlayamamış. Kaldırıp, bir kenara koymak istiyor, ne mümkün? Yerinden kımıldatmanın ihtimali yok. Bu işe pek şaşıran türbedar, yanına bir yardımcı çağırıyor. Bir derken, üç oluyor... Nafile, sandık ne açılıyor, ne kımıldıyor. Sonunda; "Bu işin içinde bir hikmet var!" diyorlar.

Gel zaman, git zaman bizim Solfasol'lu, askerden dönüyor. Ama artık o taze delikanlı değil, yine de saf, tertemiz. Doğruca Hacı Bayram türbesine varıyor, bakıyor ki, türbedar değişmiş. Ama hiç umursamıyor, "Ben malımı türbedara değil, doğru-

dan ona, Bayram Veli'ye emanet etmiştim." diyor ve sandığı al-
mak üzere huzura varıyor. Üç ihlâs, bir fatiha okuduktan sonra
"Hazretim!" diyor, "Ver bakalım emanetimi! Hani, ben askere
giderken getir, saklayayım demiştin ya!" Türbedar ve sandığı
yerinden oynatamayan üç arkadaşı, merakla, konuşan adama
bakıyorlar. O bir şeyin farkında değil sandığı kucakladığı gibi
yola revan oluyor...

Ankara'lılar bu hikayeyi, emanete sadakatın güzel bir örneği
diye fırsat düştükçe anlatırlar.

METAFİZİKTEN TASAVVUFA YOLCULUK

SONSÖZ

Birçok Allah dostu eserlerinde hep aynı konuyu anlatmıştır; dünyada Hakikat'i aramaktan başka bir şey yoktur.

İnsan kendisine verilen akıl ve duygular vasıtası ile ruhundaki yeteneklerle sanat, bilim, felsefe, tasavvuf ve doğayı araştırarak hakikatlere ulaşabilir. Ruhunda var olan yetenekler ise Yaratıcı'nın insana sunduğu rabbani güçlerdir.

Her varlık kendi içinde yalnızca kendisinin okuyabileceği varlığının tüm bilgisini taşır. Ancak kendi aslından habersiz bir yaşam sürdüğünden ıstırap çekmektedir. "Ben yere göğe sığmam, mümin kulumun kalbine sığarım." kudsi hadisi insanın içindeki bu sonsuz potansiyele işaret eder.

İnsanda beden görünen, ruh görünmeyendir. Her şey sirettedir, özdedir ancak öz görünmez. Görünmesi için bir kaba ihtiyaç vardır. Bu kap da Allah tarafından emanet olarak verilmiş olan bedendir. Beden istek ve arzularla doludur. Kendini bedenden ibaret sanan kişinin, bedenin gereksinimlerinden kaynaklanan benlik algısı, hakiki benliğini bulmasının önündeki en büyük engeldir. İnsanın kendini bilme yolculuğunda, dünyevi isteklerin, egonun emri altından kurtulmak ve zihinsel çalışmalara yönelmek gerektiği Allah dostları ve pek çok filozof tarafından benzer şekilde dile getirilmiştir. Tasavvufta nefs terbiyesi denilen bu manevi çalışma zaman ve emek harcamayı gerektirir. Gelişim tedricen olur. Her mertebesinin ayrı ayrı tehlike ve zorlukları vardır. Mevlana bu tedrici yolculukta insanın yaşayacağı yanılsamalara pek çok örnek vermiştir;

"Senin varlığın, kendini bir şey sanman düşüncesi sende bulundukça rahat oturma. Çünkü sen hala puta tapmaktasın. Tutalım ki uğraştın ve sonunda zan putunu kırdın. Fakat putu kırdığını sanman ve kendinde bir varlık olduğuna inanman da senin için ayrıca kurulmamış bir puttur."

Bu zanlardan kurtulmadan insan derunundaki ilahi benliğe ulaşamaz. Ancak kendi hakikatine ulaşma çabasındaki insanın geçtiği mertebelerden sonra ulaştığı benlik dönüşümü kalıcıdır.

Bu manevi çalışmayla yol alan insan, Allah'ı anlamaya namzet olur. "Bana bir adım gelene, on adım gelirim." sözü ruhsal yakınlaşmayı ifade eder. Ancak hiçbir insan Allah ile konuşamaz, perde arkasından yahut elçi ile konuşur. Vahiy sadece peygamberlere ait olmayıp birçok vahiy şekli vardır; bir fikrin kalbe ilhamı, rüya ile ilham, peygamberlere elçi vasıtası ile olan vahiy.

İnsana bahşedilen akıl da tanrısal bir kaynaktır. Ancak bu nefsin isteklerinden arınmış, gönülle birlikte olan nurani akıldır. Mevlana Mesnevi'sinde iki akıl diye ayırır:

"Bedendeki ruh padişahtır. Akıl da onun veziri gibidir. Fesatçı, bozuk akıl ruhu şaşırtır, kötülüklere doğru götürür. Ey ruh sultanı sen, cüz'i aklı değil de, külli aklı kendine vezir yap."

Tasavvufun özü dönüşümdür. Asl'a olan bu dönüşüm suretlerin ardındaki manayı görmeyi talep etmekle başlar. Gerçek

SONSÖZ

bir samimiyetle talip olan yola çıkar. Amaç cüz'i anlayıştan külli anlayışa ulaşmaktır.

www.ingramcontent.com/pod-product-compliance
Lightning Source LLC
Chambersburg PA
CBHW060013050426
42448CB00012B/2734